和谐校园文化建设读本

论日本教育

赵冠宇 安 宝/编著

吉林出版集团股份有限公司

吉林教育出版社

图书在版编目(CIP)数据

论日本教育 / 赵冠宇,安宝编著. — 长春：吉林教育出版社,2012.6(2022.10重印)
(和谐校园文化建设读本)
ISBN 978 - 7 - 5383 - 8974 - 6

Ⅰ. ①论… Ⅱ. ①赵… ②安… Ⅲ. ①教育事业－研究－日本 Ⅳ. ①G531.3

中国版本图书馆 CIP 数据核字(2012)第 116082 号

论日本教育
LUN RIBEN JIAOYU

赵冠宇 安 宝 编著

策划编辑 刘 军 潘宏竹
责任编辑 张 瑜 装帧设计 王洪义
出版 吉林出版集团股份有限公司(长春市福祉大路5788号 邮编 130118)
吉林教育出版社(长春市同志街 1991 号 邮编 130021)
发行 吉林教育出版社
印刷 北京一鑫印务有限责任公司
开本 710 毫米×1000 毫米 1/16 印张 11.5 字数 146千字
版次 2012 年 6 月第 1 版 印次 2022 年 10 月第 2 次印刷
书号 ISBN 978 - 7 - 5383 - 8974 - 6
定价 39.80 元

编　委　会

主　　编：王世斌

执行主编：王保华

编委会成员：尹英俊　尹曾花　付晓霞
　　　　　　刘　军　刘桂琴　刘　静
　　　　　　张　瑜　庞　博　姜　磊
　　　　　　潘宏竹
　　　　　　（按姓氏笔画排序）

总 序

千秋基业，教育为本；源浚流畅，本固枝荣。

什么是校园文化？所谓"文化"是人类所创造的精神财富的总和，如文学、艺术、教育、科学等。而"校园文化"是人类所创造的一切精神财富在校园中的集中体现。"和谐校园文化建设"，贵在和谐，重在建设。

建设和谐的校园文化，就是要改变僵化死板的教学模式，要引导学生走出教室，走进自然，了解社会，感悟人生，逐步读懂人生、自然、社会这三本大书。

深化教育改革，加快教育发展，构建和谐校园文化，"路漫漫其修远兮"，奋斗正未有穷期。和谐校园文化建设的研究课题重大，意义重要，内涵丰富，是教育工作的一个永恒主题。和谐校园文化建设的实施方向正确，重点突出，是教育思想的根本转变和教育运行机制的全面更新。

我们出版的这套《和谐校园文化建设读本》，既有理论上的阐释，又有实践中的总结；既有学科领域的有益探索，又有教学管理方面的经验提炼；既有声情并茂的童年感悟；又有惟妙惟肖的机智幽默；既有古代哲人的至理名言，又有现代大师的谆谆教诲；既有自然科学各个领域的有趣知识；又有社会科学各个方面的启迪与感悟。笔触所及，涵盖了家庭教育、学校教育和社会教育的各个侧面以及教育教学工作的各个环节，全书立意深邃，观念新异，内容翔实，切合实际。

我们深信：广大中小学师生经过不平凡的奋斗历程，必将沐浴着时代的春风，吸吮着改革的甘露，认真地总结过去，正确地审视现在，科学地规划未来，以崭新的姿态向和谐校园文化建设的更高目标迈进。

让和谐校园文化之花灿然怒放！

本书编委会

目　录

第一章 日本教育的形成与发展

第一节 古代的教育

一、原始社会的教育

（一）日本原始社会教育的发展状况及特征

1. 日本原始社会教育的发展状况

与世界上其他国家一样，在日本这片国土上，自从有了人类出现，也就是从距今几万年乃至几十万年以前的旧石器时代，就有了教育活动。但这时的教育与现今意义上的教育不同，它指的是"人为培养人所进行的全部行为"[①]。

旧石器时代原始日本人的生产活动主要是狩猎、渔捞和采集，生产技术极其缺乏，效率十分低下，人们的生活水平极为低下，所以为了整个氏族的生存，年轻一代不得不很早就和成年人一起劳动，共同生活。在共同的劳动和生活中，年长一代通过言传手教向年轻一代传授生产技术、工具制作技术和生活方法，年轻一代则通过模仿和实践来掌握有关知识和技能。据推测当时已有原始宗教信仰，但祭祀活动尚处于相当简素阶段，所以禁忌、符咒、祓等祭祀仪式和内容等被特意教给年轻一代的必要性似乎不大。

到了绳纹时代，虽然当时的经济形式仍然是狩猎、渔捞和采集经济，但生产工具已由旧石器进化为新石器，创造了制作绳纹陶器的技

---

① ［日］梅根悟监修、世界教育史研究会编：《世界教育史大系1》（《日本教育史Ⅰ》），讲谈社，1976年版，第11页。

术，并且开始使用火烧烤食物，利用发酵技术加工、贮藏食物。这要求年轻一代需掌握的知识、技术和技能，较前有显著的扩大和提高。

及至弥生时代，经济形式由单纯依靠自然的狩猎、渔捞、采集经济过渡到了农耕兼狩猎、渔捞的混合经济。农耕生产特别是水稻种植、金属器具和石器的并用、制作弥生陶器技术的新发展，使得当时教育的内容和形式都发生了一定的变化。首先，传授农耕经验和技术、狩猎和渔捞的方法、使用弓矢刀剑的方法等成为重要的教育内容。但这些经验和技术等仍然主要是由年长一代通过言传手教，在生产、生活的实践中，传授给年轻一代；这些经验、技术等的获得则主要是年轻一代在与父辈们共同劳动的过程中，进行模仿的结果。然而，由于当时制造农具、刀剑和祭祀器具等所需要的技术、技能逐渐复杂化，所以在年轻一代熟练掌握这些技术和技能的过程中，很有可能偶尔得到父辈们有意无意的、局部的指导和训练。但这种指导和训练同样是在年长一代和年轻一代的共同劳动、工作过程中进行的。

绳纹时代以后，氏族制度和原始宗教信仰逐步发展起来，人们从幼年期开始培养如下观念：维持氏族和氏族部落联盟团结的协作精神，对家族长、氏族首领（"氏上"）和部落联盟最高首领的忠诚精神，为氏族和氏族部落而服务、献身的共同情感和意识，信仰和崇拜氏族神（"氏神"）、观念上的共同祖神的心情，遵守氏族和氏族部落的风俗习惯、禁忌和成训等的观念，等等。培养这些观念的形式和方法大致有以下几种：①在家庭中，父母和其他成员通过与孩子们共同交流感情，培养他们的这些观念；②在一般成年人和青少年的共同劳动、共同生活之中，成年人通过言传身教，培养青少年的这些观念；③青少年通过参加氏族举行的祭神仪式、祈求丰收的仪式、庆贺出战胜利的活动、庆贺新谷收获的仪式等，和同族成员载歌载舞，养成感恩神灵、祖先的意识,提高同伴意识;④通过日本古代盛行一种"元服式"可以推测,原始社会可能举行某种形式的成人式,通过这种仪式向即将成人的青年和其他青少年传授有关氏族神的禁忌、祭祀的体会、繁琐的训诫、忠诚于氏族和"氏上"的观念等等;⑤在有些地方,比如在与异氏族或异氏族的矛盾尖锐化的地方,或者需要采取集体行动,进行狩猎和渔捞等的地方,可能存在将青少年集合到一起的共同生活组织,如"若众宿"、"若组"等。青少年在这种团体或组织中,练习武艺,培养勇气和胆识,进行集体行动训练,等等。

2. 日本原始社会教育的特征

通过粗略考察远古时代原始日本人的社会生活,简要分析当时的教育发展状况,可知日本原始社会的教育具有以下两个重要特征:

首先,日本原始社会的教育是与原始日本人的生产、生活以及宗教活动等密切联系在一起的,青少年在与父母等长辈们共同劳动、共同生活中,通过参加各种活动,从长辈那里学习生产、生活上必需的经验、技术、技能和精神素养、风俗习惯等。当时,没有学校这种有组织、有计划地实施教育的专门机构,没有固定的教育指导人员,教育内容包括生产和生活上的全部内容。

其次,由于当时还没有社会通用的记事符号(即文字),也没有成文化的宗教典籍,所以年长一代是直接通过语言兼用手教将各种知识经验和技术技能等传递给下一代的,青少年们通过记忆、模仿和实践来掌握有关知识和技术等,通过倾听长辈们讲述故事、歌谣和神话传说等来了解自己氏族部落的历史和习惯等。日本古籍《古语拾遗》卷首语中说:"盖闻上古之世未有文字,贵贱老少口口相传,前言往行存而不忘。"①

---

① [日] 伏见猛弥著:《综合日本教育史》,明治图书出版株式会社,1951 年 6 月版,第 52 页。

二、圣德太子的教育思想和教育业绩

圣德太子（574－622）是日本家喻户晓的重要历史人物。原名厩户皇子，后被称为厩户丰聪八耳皇子，又称大法王皇太子、上官王、圣王等。去世后，因人格崇高，而得谥号为"圣德太子"。他是用明天皇的第二子，其母是穴穗部间人皇女。

公元 593 年，推古天皇即位。圣德太子被立为皇太子，担任摄政之要职，总揽内政和外交大权。他在担任摄政的 30 年间（593－622），以深厚的儒学知识和佛教修养为依据，励精图治，实行新政，目的是巩固天皇制的统治基础。

（一）圣德太子的教育思想

圣德太子没有留下成体系的教育理论，他的教育思想散见于《三经义疏》和《十七条宪法》中。

首先，圣德太子的教育思想是以对人性的理解为出发点的。他基于大乘佛教的精神，认为"一切众生皆有真实之性"（《胜鬘经义疏》），都有可能达到觉悟、成佛的境界。主张佛平等地救济所有众生，所有人在实现理想（即成佛）的普遍性上是平等的。一统他的教育思想的理念是一乘思想。

圣德太子选择有代表性的大乘佛典《胜鬘经》《维摩经》和《法华经》，参考中国的注释书及其他经史典籍，根据自己的理解，写成了《三经义疏》。在《三经义疏》中，提倡"一乘"思想，即佛向一切众生讲一乘，一乘即"佛乘"。因此，他否定三乘（声闻、缘觉、菩萨）和五乘（除三乘外，再加上人、天二乘）这种规定人的差别的相对平等思想，而主张超越大乘和小乘对立的绝对平等思想。

处在世俗世界的人，由于各种烦恼，看不到这种本来的清净的佛性，所以为克服这些烦恼，必须自觉，并实现人本来的价值。这就把佛教思想与教育问题联系在了一起。他把佛教看作是教化民众的根本。

其次，圣德太子在《十七条宪法》中指出了教育的必要性和可能性。比如，第二条中说"人鲜尤恶，能教从之"，意思是世上少有大恶之人，只要教导他们，就能使他们顺从。第七条中说"世少生知，克念作圣"，意思是说作为受教导一方，要认识到世上少有生来便知一切的天才，应时刻思念作圣人之道。这"能教"与"克念"就是一个相互联系的教学过程。

再次，圣德太子的教育思想和他的政治理想是分不开的。他依据儒学和佛教等革新政治的根本目的，是结束豪强氏族相互争斗的局面，建设上下和睦的理想社会。他遵从大乘佛教的精神，把它当做加强国家统一、建立以天皇为核心的中央集权制的基本原理。亦即，以大乘佛教为基础，把民众教化统一在了政治之下。他又借助儒家的德治、仁政、礼治思想，认为只有得"圣贤"才能治国（《十七条宪法》第十四条，原文是"其不得圣贤，何以治国？"）。也就是，用儒家的政治伦理，如和谐、礼仪、忠诚、仁慈、真诚、正直等美德，来规范贵族官僚的思想和行为，对他们进行道德教化，以实现日本社会政治的大变革，最终达到巩固以天皇为核心的中央集权制统治的目的[①]。

（二）圣德太子的教育业绩

圣德太子的教育业绩主要包括以下几方面：

首先，圣德太子认识到，要实现革新政治、建设理想国家的目标，必须培养能理解新政的精神、堪当政务的实力人物。而且，圣德太子的新政可以说在很大程度上是以中国隋朝为样板的。因此，他在派"遣隋使"的同时，还派出留学生和学问僧与之同行，到隋朝学习佛教和先进的文教制度等。比如，在派遣第二次"遣隋使"时，还派遣了

---

① ［日］森岛通夫著：《日本为什么"成功"》（中译本），四川人民出版社，1986年版，第39页。

"沙门数十人"求学佛法①。在派遣第三次"遣隋使"时，派出了留学生和留学僧各4名。对此，《日本书纪》记载："是时（派遣小野妹子赴隋时），遣于唐（隋）国学生倭汉直福因、奈罗译语惠明、高向汉人玄理、新汉人大国，学问僧新汉人日文、南渊汉人请安、志贺汉人慧隐、新汉人广齐等，共八人也"。②另有5名留学生（僧）被认为是后来派往隋朝的，但赴隋年代不详，他们是惠光、医惠日（药师惠日）、灵云、胜岛（鸟）养和惠云。

由上可见，当时派遣留学生（僧）的规模并不大，但是这开辟了直接学习大陆先进文化的渠道，结束了过去主要依靠"渡来人"间接接受大陆文化的历史。在这些留学生（僧）中，有的留学时间很长，如高向玄理和南渊请安在隋朝逗留长达33年，可以说深得中国隋唐文化之精华。他们回国后对日本的政治经济改革和文化发展发挥了巨大作用。比如，南渊请安曾被大化改新的中心人物中大兄皇子和中臣镰足拜为老师；高向玄理和沙门曼（日文）被任命为国博士③，而且他们二人曾在自家开办私塾，讲授经学，从而促使日本的私学在大化改新前后开始发展起来。

其次，圣德太子积极鼓励开办私塾，派人前往学习。公元602年（推古天皇10年），百济学问僧观勒来到日本，带来了历书及天文、地理、遁甲（阴阳术）、方术（仙术）等书籍。圣德太子选拔俊秀青年跟他学习，其中阳胡史祖玉陈跟他学历法，大友村主高聪学天文、遁甲，山背臣日立学方术。另据《日本书纪》记载，公元612年（推古天皇20

---

① 据《隋书》卷三炀帝纪记载：第二次"遣隋使"的正使小野妹子向隋炀帝说"闻海西菩萨天子重兴佛法，故遣朝拜，兼沙门数十人求学佛法"。
② 《日本书纪》第22卷，推古天皇纪，16年9月11日条。
③ 据《日本书纪》第25卷"孝德天皇即位前纪"6月14日条记载："以沙门旻法师、高向史玄理为国博士"。

年），擅长吴的伎乐舞的百济人味摩之来到日本，圣德太子派人跟他学习①。圣德太子鼓励这些新"渡来人"开办私塾，目的是努力使本国青年能吸收新的先进文化。当时的私塾被认为是日本确立师徒关系，有意识地进行教育的开端。日本学者高桥俊乘指出："据说应神天皇曾让菟道稚郎子随王仁学习汉学，但自这个传说以后至圣德太子时代，没有明确的师徒关系的文献记载。圣德太子奖励教育是王仁以后的首次记录，但确切的师徒关系记载实际上应当说是始自圣德太子的奖励"。②

第三，圣德太子具有广泛而深入的佛学修养和学识，著成《三经义疏》是他潜心研究的结果。他笃信佛教，晚年曾说"世间虚假，唯佛是真"。圣德太子亲自讲解经文，并创建法隆学问寺，是他的重要教育业绩之一。

据《上宫圣德法王帝说》记载，公元598年（推古天皇6年）圣德太子受天皇委托，在宫中向皇室贵族、公主及臣、连、公民等大臣释讲《胜鬘经》。又据《日本书纪》记载，他于公元606年（推古天皇14年）释讲《胜鬘经》和《法华经》③。这开了日本佛教教学的先河。

公元607年（推古天皇15年），圣德太子建成法隆寺，又称法隆学问寺。关于法隆寺的职能，因缺乏详细史料，无从考察。但据《日本书纪》记载，法隆寺的建立起因于圣德太子讲解《胜鬘经》，他曾在这里选讲《三经义疏》④。由此可推测，法隆寺是圣德太子研究佛学的场所，同时兼作教导子弟的机构，是兼研究、教学、藏经于一体的佛学研究所或佛教学校，被冠以学问寺其名可见这一特点。建立法隆学问寺是圣德太

① 《日本书纪》第22卷，推古天皇纪，20年5月条。
② [日] 高桥俊乘著：《日本教育文化史》，第44页。
③ [日] 尾形裕康著：《日本教育通史》，早稻田大学出版部，1965年第3版，第10页。
④ [日] 加藤仁平、工藤泰正、远藤泰助、加藤胜也编：《新日本教育史》，协同出版株式会社，1961年4月版，第25页。

子致力于推进有组织、有计划地进行教育活动的一个重要方面。

第二节　奈良、平安时代的教育

以始于公元 646 年的大化改新为标志，日本进入了封建社会。

公元 710 年（元明天皇和铜 3 年），京城从藤原京（今奈良县檀原市）迁至平城京（奈良），从此进入奈良时代（710—794）。在此时期，日本致力于全面吸收唐朝的政治、经济和文化教育制度，促进了社会各方面的巨大发展。

桓武天皇治世时的公元 794 年，京城又从平城京迁至平安京（京都），日本历史进入了平安时代（794—1192）。在此时期，文化发展由全面吸收进入吸收、消化、成长阶段，政治经济制度较前有很大变化，文教制度也发生了重大变革。

（一）大化改新的继续

大化改新触犯了旧豪强贵族的利益，受到他们的强烈抵制和反抗。革新势力与守旧势力之间的斗争十分激烈。但是，在天智天皇、天武天皇等人的推动下，革新事业逐步深入。

公元 668 年，中大兄皇子即位为天智天皇（668—671 年在位），他继续推行大化改新。同年，命中臣镰足等人参考唐朝的《贞观令》，将大化改新以来发布的诏书编纂成法典，即《近江令》。公元 670 年（天智天皇 9 年），为防止人民逃亡而编制户籍，此即为《庚午年籍》。《近江令》和《庚午年籍》的编纂，从形式上固定了改新事业的成果。

"壬申之乱"（672 年，弘文天皇元年）后，大海人皇子即位为天武天皇（673—686 年在位）。天武天皇采取了一系列政治经济措施，进一步推进革新事业。这些措施主要包括：①废除曾于公元 664 年（天智天皇 3 年）一度恢复的部民制，采取减轻人民的徭役负担、强制流浪农民回乡务农等措施，发展生产；②公元 677 年（天武天皇 5 年），将官位增至 48 阶，以使更多的中小官吏走上仕途，削弱大贵族的势力；③制定律令，即公元 681 年（天武天皇 10 年），修改《近江令》，制定了《飞鸟净御原令》，以此来加强以天皇为核心的封建地主阶级专政；④公元 684 年（天武天皇 13 年），制定了"八色之姓"，① 重新排列氏姓位次，对五世以内的皇族授予八姓之首的"真人"，以提高皇族的政治地位。

此后的持统天皇、文武天皇和元明天皇等仍然推行革新政策，尤其是注重律令的修订工作。公元 700 年（文武天皇 4 年），天皇命刑部亲王、藤原不比、粟田真人等 19 人编撰律令，翌年（大宝元年）8 月完成了由律 6 卷、令 11 卷组成的《大宝律令》。在此基础上，公元 718 年（元正天皇养老 2 年），藤原不比等又奉命修订成包括律 10 卷 13 篇、令 10 卷 30 篇的《养老律令》。《大宝律令》是日本古代第一部比较完备的成文法典。它的制定标志着日本成为了以天皇为中心的中央集权的律令制封建国家。

（二）大化改新时期的教育政策

大化改新时期，为了维护和巩固律令体制，十分注重任用德行高尚、堪能时务的人才为官吏。《改新之诏》中指出：坊令由"坊内明廉强直堪时务者"充当；里坊长从里坊百姓中选取"清正强干者"充当，该里坊无合适人选，从邻近里坊选取；郡司、国造任用"性识清廉堪时务者"；大领、少领任用"强干聪敏工于书算者"。② 这种人才任用制度，从原则上打破了旧体制下大氏族垄断并世袭官职的门阀制度，依据平等观念选择、任用人才。

推行儒教政治是大化改新的核心理念。因而，大化改新时期的教

---

① 八色之姓：真人、朝臣、宿弥、忌寸、道师、臣、连、稻置。
② 《日本书纪》第 25 卷，孝德天皇纪，大化 2 年 1 月 1 日条。

育政策是依据贵族主义和儒教主义的人才观、政治观而培养有用的官僚人才。也就是，把培养理解新政的精神、担当治政重任的人才作为最高教育目标。为实现这一目标，设立正式的教育机构成为必然选择。我国唐朝完备的教育制度为其提供了范本。《日本书纪》"孝德天皇纪"中记载任命僧旻和高向玄理为国博士①，这被认为是模仿唐朝教育制度的开端。一般认为，日本官立贵族学校的创设，始于天智天皇时期。据《日本书纪》记载，公元671年（天智天皇10年），在大津京创办教育机构，任命来自百济的鬼室集斯为"学职头"，授予他"小锦上"的冠位②。当时的汉诗集《怀风藻》的序言中也说："受淡海先帝（天智天皇）之命"，为"调风化俗"，"润德光身"，而"建庠序，征茂才，定五礼，兴百度"。③ 根据这些记载可以认为，天智天皇时期设有某种教育机构（庠序）及其长官（学职头），但其他情况不详。此外，在《日本书纪》的"天武天皇纪"中，记载有"大学寮诸学生"、"阴阳寮"和"外药寮"等词语④；在"持统天皇纪"中，散见有大学博士、音博士和书博士等名称⑤。据此可推测，当时存在大学寮等教育机构，其中有教官（博士）和学生。由庠序发展起来的大学寮，到文武天皇治世时，因《大宝律令》的制定而制度化了。

（三）奈良时代的文化、教育政策

奈良时代文化发展的一大特色就是大力吸收唐朝文化。对此，遣唐使及随行的留学生（僧）作出了重要贡献。遣唐使的派遣始于公元630年（舒明天皇2年），止于公元894年（宽平6年），先后派遣了16

---

① 一般认为"国博士"是模仿唐朝的国子博士而设置的，但不是学校的教官，是一种官职。

② 《日本书纪》第27卷，天智天皇纪，10年1月条。

③ 该序作于天平胜宝3年（辛卯年），西历751年冬11月。[日]伏见猛弥著：《综合日本教育史》，明治图书出版株式会社，1951年6月版，第86页。

④ 《日本书纪》第29卷，天武天皇纪下，4年1月1日条。

⑤ 《日本书纪》第30卷，持统天皇纪，5年9月4日条。

次（其中有 3 次是以送还唐使为目的的"送唐客使"。另有 3 次虽已任命，但未成行）。奈良时代派出的遣唐使有 4 次，派遣年月分别为元正天皇养老元年（717 年）3 月、圣武天皇天平 5 年（733 年）4 月、孝谦天皇天平胜宝 4 年（752 年）闰 3 月、光仁天皇宝龟 8 年（777 年）6 月。此时，随遣唐使赴唐的留学生（僧），有名字可考的有 12 人（僧侣 4 人、俗人 8 人）①。派遣遣唐使的一个重要目的就是学习唐朝的先进文教制度和佛法。此外，许多硕学、名僧来到日本，也为输入唐朝文化作出了重要贡献。例如，公元 734 年，唐朝的袁晋卿随第九次遣唐使赴日，因精通《尔雅》和《文选》而被任命为大学寮的音博士。再如，孝谦天皇时东渡日本的唐朝高僧鉴真和尚，被敕许"授戒传律"，成为日本律宗的始祖。

受唐朝文化的影响，当时的日本文化较前有了显著进步。首先，由于佛教兴盛，伴随建寺、造佛，美术、工艺、音乐等迅速发展起来；佛教经典的研读，丰富了学术领域和思想形态。其次，儒学的深入传播，使之成为固定化的政治思想形态。奈良时代的历代天皇多次强调仁、义、礼、智、信、孝等儒学道德在治政中的作用；在当时制定的律令条目中，也富含儒学思想。再次，文学、历史等各项学术事业取得了很大发展。《古事记》《日本书纪》等国史典籍的编纂，《风土记》等地理志的选编，律令的完成，以及《万叶集》《怀风藻》等文学作品的出现，都是这方面成就的巨大表现。这些文化成就都是在朝廷的有力支持下取得的。

奈良时代的历代天皇继承前代的传统，十分重视奖励学问教育。例如，养老年间，元正天皇下诏说"择学业优异、堪师范者，特加赏

---

① ［日］长田新监修：《日本教育史》，御茶水书房，1961 年 5 月版，第 16 页。

赐，勉励后生"，因而将绝、丝、布、锹等赏赐给锻冶造大隅以下人等①。当时，朝廷非常注重道德教化，强调儒家道德在教育官吏和百姓中的作用。比如，孝谦天皇曾下诏说"治民安国必以孝理，百行之本莫先于兹"；令每家藏《孝经》一册，"精勤诵习，倍加教授"；还令地方官举荐"百姓间有孝行通人、乡间钦仰者"，予以表彰；为"清风俗"，"捍边防"，而将"不孝、不恭、不友、不顺者"发配到陆奥国桃生和出羽国小胜②。

与前代相比较，奈良时代的教育走上了制度化阶段，模仿唐朝的教育制度而建立了系统化的大学寮制度和国学制度。当时，学者在自宅办私塾，家学、家传的个别传授也构成教育教学的一大特色。

（四）平安时代的文教政策

在平安时代，以宫廷为中心的贵族文化进一步走向繁荣，这在很大程度上有赖于对中国文化的模仿和吸收。但在平安中期以后，日本文化的各方面都出现了"国风化"倾向，这是对模仿、吸收的中国文化自觉地进行创新的结果。

平安时代前期，汉文学获得了很大发展，《凌云集》、《文华秀丽集》和《经国集》等诗文集被编辑成册，平安中期以后，随着假名文字的出现，和歌、和文等发展起来。此外，女性文学获得了重大发展，紫式部的《源氏物语》、清少纳言的《枕草子》（又写作《枕草纸》）、和泉式部的和歌成为日本文学史上不朽的名作。

平安时代前期的书法也是模仿唐朝风格的，笔势雄浑有力。及至中后期，书法风格具有了独自性，以优美秀丽见长。

平安时代前期唐风文化盛行与遣唐使和留学生（僧）的贡献是分

---

① ［日］伏见猛弥著：《综合日本教育史》，明治图书出版株式会社，1951 年 6 月版，第 63 页。
② 《续日本纪》第 20 卷，孝谦天皇纪，天平宝字元年 4 月 4 日条。

不开的。当时派遣出的遣唐使有两次，即桓武天皇延历 23 年（804 年）7 月派出一次，仁明天皇承和 5 年（838 年）7 月派出一次，随行的留学生（僧）达 37 人（其中僧侣 28 人，俗人 9 人）。遣唐使的派遣中止后（宽平 6 年，894 年），唐日间的官方交往中断，这使日本文化暂时进入了一个消化、自我成长阶段。平安时代中后期国风文化盛行与之不无关系。

平安时代，日本社会政治、经济及文化等的变迁，给教育的发展带来了巨大影响：①大学寮经过不断改革，其结构和职能发生了很大变化，即由以明经科（道）为中心的官吏培养机构演变成为了以文章道为中心、贵族子弟掌握社交上必备教养的机构；②以贵族子弟为对象的家学、私塾得到了很大发展；③僧侣教育、家庭教育、女子教育等也得到了发展。

第三节　镰仓至室町时代的教育

（一）镰仓至室町时代的文化发展和教育政策

奈良、平安时代盛行的儒学是以五经为中心的汉唐古注，而在镰仓、室町时代，程朱之学（宋学、朱子学）的传播为日本的学问研究和教育揭开了新的篇章。一般认为，朱子学是由入宋僧俊芿传入日本的。实际上，在平安时代末期和镰仓时代，许多僧侣入宋求法，如荣西两度入宋（1168 年和 1187—1191 年），俊芿在宋居留 13 年（1199—1211），圆尔（弁圆）在宋居留 7 年（1235—1241），再加上许多中日商人往来频繁，宋元禅僧亦有赴日者，朱子学是由这些中日僧侣和商人逐步传入日本的。朱子学传入日本后，起初是五山禅僧进行研究的对象，镰仓时代末期对贵族和一部分博士家产生了一定的影响，南北朝内乱时随着禅僧四散而由五山传播到了各地，室町时代形成了以桂庵玄树（1427—1508）为祖师的萨南学派（萨摩）和以南村梅轩为始祖的海南学派（土佐）。

在镰仓、室町时代，公家贵族和僧侣创造了具有时代特色的文学和艺术。在军事题材的战记文学方面，主要作品有《保元物语》《平治物语》《平家物语》《源平盛衰记》和《太平记》《曾我物语》《义经记》《明德记》《应仁记》等。其他文学作品有《宇治拾遗物语》《古今著闻集》《十训抄》《古事谈》《宝物集》《发心集》《沙石集》等故事集和《方丈记》《徒然草》《十六夜日记》等散文以及《愚管抄》《吾妻镜》等历史文学作品。受平安时代的影响，和歌也极为流行。镰仓时代的公家"歌人"（和歌家）主要有后鸟羽上皇（1198－1221 年在职）、藤原俊成（1114－1204）、藤原家隆（1158－1237）、藤原定家（1162－1241）等，僧侣"歌人"主要有慈圆（1155－1225）、寂莲（？－1202）、仙觉（1203－1274）等，武士"歌人"主要是著有《金槐和歌集》的源实朝（1192－1219）。南北朝时代以后，和歌成为了藤原定家的子孙们的家学，分为二条、京极、冷泉三家。从镰仓时代末期兴起了另一种诗歌——连歌。南北朝时代的二条良基（1320－1388）编纂了连歌集《菟玖波集》（1356 年），制定了连歌的规则《应安新式》（1372 年）。室町时代末期的连歌师宗祇（1421－1502）编著《水无濑三吟百韵》和《新撰菟玖波集》，确立了正宗的歌风，他还为连歌向商人、僧侣、武士、豪农传播作出了重要贡献。自十五六世纪，出现了一种俳谐连歌，江户时代的俳谐是在它的基础上发展起来的。

公家贵族和僧侣是镰仓、室町时代的两支最主要的学术研究力量，与禅僧主要研究朱子学和汉诗文相比较，失势的公家贵族则主要研究日本的古典文学和古传仪式、祖先规制（"有职故实"）。在古典文学研究方面，主要对《源氏物语》《伊势物语》《古今和歌集》《日本书纪》和《万叶集》等进行注释。镰仓时代，仙觉的《万叶集注释》

（《仙觉抄》）奠定了万叶集研究的基础，卜部怀贤的《释日本纪》是日本书纪研究中的重大成果；南北朝时代的主要成果是长庆天皇的《仙源抄》和四辻善成的《河海抄》；在室町时代，一条兼良（1402—1481）的《日本书纪纂疏》《花鸟余情》是主要的研究成果，其他古典研究者还有东常绿和宗祇等。在古仪式、古规制研究方面，顺德天皇（1197—1242）的《禁秘抄》、后醍醐天皇（1288—1339）的《建武年中行事》北畠亲房（1293—1354）的《职原抄》、二条良基的《百寮训要抄》和一条兼良的《江次第抄》《公事根源》《桃花蕊叶》等都是这方面的重要研究成果。

镰仓时代是武家代替公家而掌握政治实权的最初时代，武士阶层的伦理道德尚处于形成阶段，所以镰仓幕府采取了一系列教化政策，以确立其统治秩序。在镰仓时代的教化政策中，最主要的是强调忠孝。忠是维系武士阶层的主从关系的绝对原理。北条泰时强调"从者侍主以忠"（《御成败式目追加》1232年8月8日）。幕府多次下令禁止"主从敌对"（《吾妻镜》第38卷1247年11月27日条、第48卷1258年12月10日条），亦即禁止家臣起诉主人。孝是维系武士的家庭关系的绝对原理。北条泰时又曾强调"子对双亲有孝，妻从夫"（《御成败式目追加》）。幕府也下令禁止"敌对于祖父母"和"敌对于父母"（《吾妻镜》第33卷1240年5月4日条、同年5月14日条），对于"敌对于祖父母并父母"者处以"重科"（《御成败式目追加》1240年5月14日）。除忠孝以外，镰仓幕府还强调朴实刚健、重礼法、敬神佛等（1232年《贞永式目》，1284年《新式目》）。

强调修炼文武两道是镰仓幕府的教化方针中的另一重要侧面。镰仓时代初期，幕府特别注重武艺。源赖朝曾指出，谱代须用心习练武艺，"如疏于武艺，则无警卫所需之本领"（《吾妻镜》第23卷1218年

12月26日条)。幕府执权北条时赖曾下令"奉公诸人面面应为弓马之艺事"。镰仓时代中期以后，幕府开始鼓励武士学习文化教养，提倡文武兼备。如1284年（弘安7年）的《新式目》中规定"应有学问"，"为不使武道废弛，应予留意"。当时提倡的文武兼备是以武为主，以文为从的，这与实行武断政治是密切相关的。涵养武士道和修炼文武艺是贯穿镰仓至室町时代的武士教化的总方针。

镰仓和室町幕府对庶民的教化没有明确的方针。《吾妻镜》1250年（建长2年）11月条中曾有禁止庶民博弈的规定。可见，当时的庶民教化政策是非常消极的。

（二）镰仓至室町时代的教育机构

1. 金泽文库和称名寺

早在奈良、平安时代，一些上流贵族和僧侣就曾设立文库，收藏书籍。及至镰仓时代，一些高级武将也在自家宅邸或别墅内设立文库，如三善康信的名越文库、佐介时盛的松谷文库、长井秀宗（宗秀）的长井文库、二阶堂行藤的二阶堂文库等，其中许多文库存续时间较短，只有武州的金泽文库不仅存续时间长（其遗迹现存），而且作为公开的文库在日本教育史上具有很大意义。关于金泽文库的创立者，有北条实时、北条显时、金泽贞显和金泽贞将等几种说法。关于它的创建年代，亦有几种不同观点。现在已经公认，金泽文库是由北条实时在1247至1276年间（宝治元年至建治2年）设立的。

北条实时（1224－1276）是镰仓幕府执权北条泰时之弟北条实泰的长子，曾参与第三代执权北条泰时、第四代执权北条经时、第五代执权北条时赖和第八代执权北条时宗等四代幕府的枢机要务，堪称北条氏中一名重要的政治家。文历元年（1234年）前后，北条实时在武州久良郡金泽庄六浦（今神奈川县境内）建造别墅，在别墅内建造了安置阿弥陀佛像的持佛堂（又称阿弥陀堂）。1262 年（弘长 2 年）前后，持佛堂扩建为称名寺（起初尊信念佛宗，后改奉真言宗）。金泽文库就是附设在称名寺内的文库，收藏北条实时抄写的古书和自宋输入的原版书以及绘画、文具等。

北条实时去世后，金泽文库相继由北条显时（实时之子）和金泽贞显（实时之孙）管理，规模不断扩大。北条显时继承其父遗风，热心于学问和藏书。他管理该别墅时，将别墅内外的土地全部捐献给了称名寺，此时的称名寺由金泽北条氏的私寺变为了公寺。至金泽贞显时代，称名寺获得了更大的发展。金泽贞显曾任六波罗探题和幕府第十五代执权，权势威重，在他的庇护下，称名寺不断扩充，金泽文库的藏书量迅速增大，并对外开放。当时的藏书包括儒佛二典及诸史、百家、阴阳、神道、诗歌等类书籍，总计约 7 万册。1333 年（元弘 3年）5 月，金泽贞显在新田义贞的进攻下自尽身亡，北条氏宣告覆灭。此后，金泽文库长期由称名寺管理，但是北条氏的灭亡使金泽文库和称名寺失去了强有力的保护者，因而二者均走向衰运。尤其是在经过南北朝时代和应仁年间的战乱后，金泽文库和称名寺受到严重损害，藏书大量散失（部分图书被移至足利学校和德川家康的富士见亭文库）。金泽文库在江户时代未得复兴，在明治时代曾被部分重建，但关东大地震时（1923 年 9 月 1 日）又遭破坏。1930 年（昭和 5 年）7 月，根据公立图书馆令，该文库被改为神奈川县立图书馆。

广义的金泽文库既包括收藏北条实时、显时和金泽贞显三代武将的藏书的文库（狭义的金泽文库），还包括收藏称名寺住持、学僧们抄写的书籍的称名寺文库。它为称名寺的教学活动提供了多方面的条件。

称名寺是镰仓时代的一座著名的学问寺，以审海为首的历代长老均以其深厚的学识培养了许多僧职人员，为称名寺的发展作出了重大贡献。审海（1229—1304）于1267年（文永4年）9月任称名寺首任长老，在任39年。自1287年（弘安10年）前后，他仿照旧佛教寺院的惯例，在称名寺举行讲道活动，慕名前来学道的执事僧和学问僧有63名、尼9名。审海还热心于抄书、藏书工作，他在任时的金泽文库本藏书达700卷以上。

第二代长老剑阿（1261—1338），20岁时入称名寺，28岁时出家，1305年（嘉元3年）45岁时就任长老之职。他主持的安居、讲道和讲释活动自1318年（文保2年）兴盛起来，吸引了许多僧侣前往学习，使称名寺的宗风风靡一世，称名寺被称为"武州金泽学校"始自此时。当时抄写的金泽文库本藏书达500卷以上。

第三代长老湛睿（1271—1346），25岁时进入佛门，47岁时在剑阿的邀请下来到称名寺。他也是一位学识渊博的硕僧，亲自在称名寺开设讲席，进行佛典讲道活动（传授华严教学），使称名寺的教学活动有了更大的发展，前往求学的执事僧和学问僧等达39人。

2. 足利学校

足利学校位于下野国足利庄（今枥木县足利市），是南北朝至江户时代以前日本关东地区的一个重要文化、教育中心。关于足利学校的起源，有许多观点，但代表性观点大体上有如下三种：①根据《大宝律令》学制的规定而在下野国设立的国学的遗制；②平安时代中期的贵族、著名学者小野篁（802—852）在任陆奥守时建立的学问所；③镰仓时代初期幕府的有力御家人足利义兼（1144—1199）为本族子弟创建的教育所（寺院学校）。现在，比较有力的说法是，足利学校起源于足利义兼所创办的寺院学校。亦即：1189年（文治5年）前后，足利义兼曾在足利氏领地足利庄的宅邸内建持佛堂，请理真和尚作护持僧。1196年（建久7年），足利义兼将持佛堂扩建成为镀阿寺（真言宗），安置守本尊大日如来像，聘请理真为开山祖师。镘阿寺自理真时代就开始进行讲道活动，1249 年（建长元年）经奏请获准讲《大日经疏》和《周易注疏》等。于是，其教学活动不断扩展，寺院规模逐步扩大，其内曾设有文库和医院（后来它们与寺院分离了）。及至室町时代初期，由于幕府的统治力尚比较薄弱，加之关东地区频繁发生战乱，足利庄及其学校（镘阿寺学校）一直被搁置。足利学校真正复兴是室町时代中期以后的事情。

室町时代中期，上杉宪实（1410－1466）任镰仓执事、安房守时，负责管理幕府的直辖地足利庄，同时致力于复兴足利学校（足利学校其名始称于此），从而使足利学校成为一个有组织的教育机构。他复兴足利学校的主要措施包括：①1432 年（永享 4 年）后不久，向足利学校颁赠学田，以补充学校的财政；②1439 年（永享 11 年），向足利学校捐赠五经注释书（实赠四经）；③1446 年（文安 3 年），制定《学规三条》，第一条列举了教科书，第二条规定了对不良僧侣（学生）的处置，第三条规定了处分的罪科，从而为足利学校确定了教学方针，并下令其"讲学莫怠"；④聘请镰仓建长寺的快元为第一任庠主（校长），开展教学活动；⑤扩建宿舍。

上杉宪实复兴足利学校以后，该校在上杉氏和其他战国武将等的保护、扶持之下逐步发展、兴盛起来，其保护措施主要包括：①上杉宪实去世后，其子宪忠为了完成父亲捐赠五经注释本的夙志，而向足利学校捐赠了《周易注疏》13 卷 13 册。这实际上表明了宪忠作为关东管领而对该校的保护意图。②1466 年（文正元年）长尾氏入主足利庄后，景人（景久）、定景、房清、景长等各代均对镘阿寺和足利学校施以各种保护。③上杉宪实之孙宪房就任管领职后，亦效仿其父祖，于1510 年（永正 7 年）向足利学校捐赠《后汉书》和《孔子家语句解》。

5 年后，又遗命捐赠《十八史略》。④1504 年（永正元年）北条早云支配足利庄后，曾命足利学校抄写《太平记》，以示对其关心。1508 年（永正 5 年），他向学校捐赠孔子、子路、颜回的肖像。1560 年（永禄 3 年），北条氏康、氏政父子向足利学校第七任庠主九华捐赠金泽文库本宋版《文选》21 册。⑤1506 年（永正 3 年），式部少辅左金吾向足利学校捐赠《纂互集注文公家礼》《倭名类聚抄》和《（柿本）人丸画像》。此外，武田胜赖等也曾对足利学校给予保护。

足利学校成为日本关东地区的一所重要学府，甚至被视为当时日本全国的文化中心，是与其历代庠主均为硕学高僧，他们致力于推进学校的教学有直接关系的。第一任庠主快元，"为人才干过绝，兴久废之业，兴庠序之业，多积典籍，以教学生，一如儒者"。① 他尤其擅长易学。快元为中兴后的足利学校有组织地开展教学开了先河，慕名前往求学者有 7 人。第二任庠主天矣，在 1469 年（文明元年）快元圆寂后继任庠主，在任 20 年。在任期间，亦积极致力于学校振兴和开展讲学活动。慕名前往求学者有 22 名。第三任南斗和第四任九天时期的 15 年间，因战乱，学校一时出现衰势，仅有 4 名学生前往就学。第五任庠主东井，在任 20 年。他富有才学，着力于学校复兴和讲学活动活泼化，努力整顿学校体制，为学校走向繁荣打下了基础。在任期间，前往求学者中，有姓名可考的有 12 人。第六任庠主文伯，在任约 20 年。在此期间，足利学校曾遭受水灾和火灾，但他积极致力于学校重建和讲学，学校开始出现盛况，前往就学者达 14 人。足利学校的全盛时期是九华担任第七任庠主的 29 年间（1550—1578 年，天文 19 年至天正 6 年）。九华（讳瑞现，自称九华老人，又号玉岗）有很高的儒学和禅学修养，

---

① ［日］加藤仁平、工藤泰正、远藤泰助、加藤胜也编：《新日本教育史》，协同出版株式会社，1961 年版，第 69 页。

在任期间，十分注重修复前代因火灾而被毁的堂宇，向学校捐赠手抄书和藏书17部（这些书籍包括儒典、佛典、兵书和医书等）。他擅长易学，在易学教学中，一改此前偏重于原理性和理论性的状况，而把易学作为以卜筮为中心的技术性、实用性的学问来讲授。仰慕其学风而前往就学者号称3 000人，有姓名可考者达25人。这些学生主要来自九州，遍及日本全国各地。第八任庠主宗银（在任8年）以后，足利学校开始衰退，其就学者宗银在任时有5人，第九任庠主三要在任时（1587—1602）有8人（一说有2人），第十任庠主寒松于1602年（庆长7年）就任后不久，日本历史进入了江户时代。

足利学校自被上杉宪实复兴以后，其教学内容是以汉学为中心的。1446年上杉宪实制定的《学规三条》中的第一条列举了教科书，它们是三注（《千字文集注》《古注蒙求》《胡曾诗注》）四书（《大学》《中庸》《论语》《孟子》）、六经（《易经》《书经》《诗经》《春秋》《礼记》《乐记》或《周礼》）、《列子》、《庄子》、《老子》、《史记》和《文选》，而且规定禁止讲授所列教科书以外的书籍（此前规定的教科书除外）。在这些汉籍中，多使用汉唐旧注，但也夹杂使用宋代二程（程明道、程伊川）的注释本，即新注。除汉学以外，足利学校还讲授佛典和国学书籍，这可从其藏书中得到证明。从学校创设至第九任庠主三要时期，藏书总数为252部1 493册（包括有确证者和推定者），其中汉籍193部1 306册，占76.6％；佛学书籍42部101册，占16.6％；国学书籍17部86册，占6.8％。再从第二任庠主天矣至第七任庠主九华时期有明确收藏日期的书籍来看，藏书总数为56部300册，其中汉籍47部247册，占83.9％；佛学书籍4部18册，占7.2％；国学书籍5部16册，占8.9％。在足利学校收藏的汉籍中，儒学书籍（四书、五经）最多，史书和诗文书也不少，前者有4部，后者有5部。从中可以推测，足利学校的教学是以四书、五经为主的。它又特别重视易学的教学，其藏书中易学书籍占比重较大，约有七八部。讲授易学是自快元以来的传统，到九华时代，更是把易学作为中心学科。史学和汉诗文是作为易学的基础学科而予以讲授的。自第五任庠主东井以后，足利学校还讲授佛典和国学书籍。除此以外，足利学校还讲授医学、兵学（兵法、战略）和天文学。由此可见，足利学校确实是一所"有综合分科的大学"。

与儒学教育相关联，足利学校还举行释奠仪式，但这一仪式自文伯时代以后因设施被水火灾害毁坏而停止了。

足利学校对学生的入退学的年龄和修业年限未作明文规定。《寒松藁》中说："大凡天下之间志于学者，入庠门（足利学校）则不分僧俗不论贵贱，题学徒之名字于僧籍以为吾门弟子，是古来之箴规也。"[①]由此可见，入学资格不论僧俗贵贱，入学后即为出家（不愿出家者退学后可还俗）。学业修成后，有的学生"回归乡国，以其学教授乡人"，或者到地方寺院任住持僧，还有的到武将帷幕下充当军事顾问。因此可以说，足利学校不单是僧侣教育机构，在某种程度上还具有普通教育机构的性质。

江户时代以后，足利学校尽管在幕府的扶持下得以延续，但终因不适应时代发展的需要而衰落了。

第四节　江户时代的教育

江户时代是自1603年（庆长8年）德川家康任征夷大将军并在江户开设幕府至1867年（庆应3年）德川庆喜奉还大政、幕府消亡的265年间。这一时代是日本后期封建社会由成立、发展、成熟到崩溃的

---

① ［日］伏见猛弥著：《综合日本教育史》，明治图书出版株式会社，1951年版，第171页。

时代。当时，在社会政治、经济及文化发展的各方面，都出现了与前代不同的特征，因而在教育政策、教育思想和教育实践上，也都表现出了与奈良、平安时代，甚至与同为武家统治时代的镰仓、室町时代有显著不同的特征。

一、江户时代的文教政策

江户幕府吸收镰仓、室町两代幕府在文化、教育上的经验教训，参考战国时代织田信长和丰臣秀吉的某些做法，并结合实际，制定了一系列的文教政策。

首先，江户幕府的文教政策的一个重要侧面就是沿袭丰臣秀吉执政时的政策，禁止基督教的传播。战国时代末年至江户时代初年，基督教的传播进一步出现了扩大势头，到1605年（庆长10年），日本全国共有信徒75万人之众。起初，德川家康出于保护和鼓励贸易，而对基督教的传播采取了默认态度，但是当信奉新教的荷兰人向幕府告知旧教国西班牙和葡萄牙试图以传教士为尖兵侵略日本时，便开始采取禁教政策。1612年（庆长17年）3月在直辖领地内发布了"吉利支丹（基督教）禁止令"，翌年又发布了传教士驱逐令。自此，开始破坏教会，驱逐传教士，强制信徒改宗。然而，由于当时海外贸易十分频繁，来日外国人很多，禁教令未能彻底实施。第二代将军德川秀忠和第三代将军德川家光进一步强化了禁教政策。1622年（元和8年），将外国传教士和日本信徒等55人处了刑。1630年（宽永7年）发布禁书令，禁止读横排版的书（西洋文书籍），后来（1641年）又下令除有关医药和航海方面的书以外，一切洋书禁止传入日本。1633、1635年（宽永10、12年）又分别发布了锁国令，其中都有禁教方面的内容，宣布对检举传教士和信徒的人实行奖励。岛原之乱（1637年）以后，幕府采取了更加严厉和残酷的禁教措施；1640年（宽永17年）在幕府领地内设置了负责改宗的宗门改役，到 1664 年（宽文 4 年）在全国范围内实施改宗制度。通过采取这些措施，江户时代的基督教基本灭绝了。

其次，与严格禁止基督教相反，幕府对儒学采取了积极奖励政策。这一政策在德川家康奖励学问的方针中初显端倪，到第四代将军德川家纲执政时基本定形，此后一直延续到了江户时代末期。

德川家康深知能在马上得天下而不能在马上治天下的道理，因而不仅自己勤奋好学，而且还采取了奖励学问的政策。早在 1593 年（文禄 2 年），他就曾招藤原惺窝进讲《贞观政要》，1605 年（庆长 10 年）又招林罗山进讲。他热心于古文献的保存、抄写和翻刻。德川家康还开辟了设立学校的渠道：1601 年（庆长 6 年）在山城伏见创立了圆光寺学校，聘请足利学校的闲室（元佶）为庠主，这是德川氏首次设立学校；1614 年还准备在京都设立学校，由藤原惺窝任祭酒（大学头），但是因发生了大阪战役，计划未能实现。德川家康的学问政策还以法律形式作了明文规定。1615 年（元和元年）7 月公布了《禁中诸法度》，其中第一条规定：“天子御艺能之事，第一为学问也，不学则不明古道，而能致太平者未有之也，此乃《贞观政要》之明文也。《宽平遗诫》云：虽不究经史，可诵习《群书治要》。和歌自光孝天皇以来未绝，虽为绮语，但乃我国习俗也，不可弃置，此为《禁秘抄》所载。启专要习学于此。”[①] 同年，大阪战役后，德川家康将诸大名招集到伏见城，以将军德川秀忠的名义发布了《武家诸法度》13 条，其中的第一条规定：“文武弓马之道，应专于相嗜。文左武右古之法也，应予兼备。弓马为武家之要枢也，号为兵，意为凶器，不得已而用之。须勉励修炼，居治而勿忘乱。”[②] 这两项法律确定了公卿和武士应修习学问

---

① ［日］伏见猛弥著：《综合日本教育史》，明治图书出版株式会社，1951 年版，第 215 页。

② ［日］加藤仁平、工藤泰正、远藤泰助、加藤胜也编：《新日本教育史》，协同出版株式会社，1961 年版，第 80 页。

的方针。

　　实际上，江户幕府所扶持、奖励的儒学仅限于朱子学。这可从德川家康请藤原惺窝进讲，又对藤原惺窝的高徒林罗山给予特殊保护看出。自 1608 年（庆长 13 年）林罗山被任用为幕府的儒官，林家的朱子学逐步走上了官学化的路程，林家的家塾在历代将军的保护、奖励之下逐渐成为了幕府直辖学校——昌平坂学问所。幕府为了维护朱子学的正统性和权威性，于 1790 年（宽政 2 年）发布了《关于学派维持事宜之指令》，禁止朱子学以外的"异学"流行。宽政异学之禁以后，幕府采取了明确的振兴学问的方针，作为禁止异学的辅助措施，以旗本、御家人的子弟为对象举行相当于国家考试的"学问吟味"（始于 1792 年 9 月）和"素读吟味"（始于 1793 年 11 月）。

　　第三，随着时代发展的需要并从实用目的出发，江户幕府对佛教、神道教、国学和洋学采取了消极性的限制发展政策。

　　就佛教而言，织田信长和丰臣秀吉在统一日本的过程中对佛教采取了打击和怀柔两方面政策。江户幕府成立后，依然沿袭这一方针，将军和大名一方面给予寺院领地（朱印地和黑印地），另一方面又限制佛教的发展，比如：1615 年（元和元年），德川家康制定了《诸宗诸本山法度》，确立了本末寺制度，将寺院的活动仅限定在宗教方面，并设置寺社奉行对其进行强力统治。1622 年（元和 8 年）8 月，幕府下令禁止私自新建寺院。1665 年（宽文 5 年），幕府又下令禁止僧侣在市井设置佛坛、举行法谈和集会。

　　江户时代的神道摆脱佛教的影响，与儒学相结合，出现了吉川惟足的吉川神道和山崎闇斋的垂加神道等，其中吉川神道以其浓厚的政治倾向性而受到了幕府的重视，吉川惟足被幕府任命为神道方。

　　随着国学的出现和发展，江户幕府亦对国学采取了一定的奖励政策，比如：召令北村季吟（1624－1705）父子开讲和歌，这是首次在关东地区设置和歌家，1793 年（宽政 5 年）在国学者塙保己一（1746－1821）的申请下，令其在江户的四谷开设了和学讲谈所（幕府直辖学校之一）。

关于洋学，在江户时代初期，随着禁教和锁国政策的实施，幕府封锁了洋学研究的渠道，但是，到第八代将军德川吉宗执政时，放宽了进口洋书的限制，允许进口与基督教无关的汉译洋书，并派儒官青木昆阳等人到长崎学习兰学，从此兰学获得了较快的发展。到幕府末期，鉴于面临列强入侵的重压，幕府进一步鼓励洋学的教学和研究，先后建立了开成所、陆军所、海军所、医学所等洋学教学机构。这为洋学在明治时期的大发展奠定了基础。

第四，江户幕府在奖励学问、强调文道的同时，亦对武艺修炼采取了奖励政策。早在 1615 年的《武家诸法度》中，幕府就确立了文武兼备的方针，勉励武士修炼文武两道。但自第四代将军德川家纲针对此前的武断政治而采取文治政治以后，在武士之间出现了文弱的弊端，为此，德川吉宗在推行享保改革之际，着力于奖励武艺、刷新士风。此后，松平定信的宽政改革和水野忠邦的天保改革也都致力于奖励文武两道，振奋士风。

最后，应当指出的是各藩的文教政策大体上与幕府的步调一致，各藩亦采取了奖励学问的方针，在武士教育上主要采取了儒学，即朱子学。然而，也有一些藩并未照搬幕府的做法，而根据藩主的意志或藩儒的见识开展有特色的教学。除文道以外，奖励武艺亦是藩的文教政策中的一个重要组成部分。

二、江户时代的教育思想

江户时代是儒学、神道、国学等各种学术大发展的时代，出现了一批思想家和教育家，他们或者在官公立的幕府学校、藩校中任教，或者开办私塾，根据各自学派的思想方针推进丰富多彩的教育实践，培养出了众多治国安邦、发展学术的栋梁之材，林家的学者和山崎闇斋、木下顺庵、伊藤仁斋、广濑淡窗等人的教育业绩尤为突出。在许多学者的遗著中包含着丰富的教育思想。但是，他们往往是从各自的世界观、社会观、人性观出发来阐述儿童观和教育观的，很少有人专门以教育本身为对象，对其进行学理性研究，所以当时缺乏系统性的教育理论学说。尽管如此，像伊藤仁斋把论究道德实践和实践性道德作为学问的中心、教育的目的的观点，中村惕斋关于胎教和女子教育的见解，荻生徂徕和细井平洲从自然主义的立场出发提出教育要尊重个性的观点，中根东里关于幼儿教育的独特见解，中江藤树、山鹿素行在教学上的自学自习说、练习说，都是有一定特色的教育教学思想，留给后世许多启迪。为了具体明了起见，这里仅对当时几位比较著名的教育思想家的思想作一阐述。

（一）贝原益轩的教育思想

贝原益轩（1630－1714）是江户时代前期的儒学者、教育家、本草学者，名笃信，字子诚，号损轩，晚年改号益轩，通称久兵卫，筑前人，福冈藩黑田侯的藩士。他自9岁开始跟兄长存斋（元端）学习儒学经典和汉诗文，还曾随父亲学习医书。1657年（明历3年）28岁时到京都游学，跟随松永尺五、木下顺庵和山崎闇斋等人学习。此后，又到长崎、江户、京都等地旅行、学习，遂成为著名的学者。曾就仕于福冈藩的三代藩主（三代黑田忠之、四代黑田光之、五代黑田纲政），担任藩主的老师，同时又是全藩的文教政策指导者。他起初曾研习阳明学，后转向朱子学，还通晓佛书、本草学等。一生著述颇多，自36岁至85岁去世（1665－1714）著有99部251卷，其中经学类21部

53 卷、历史类 17 部 49 卷、诗文章疏类 11 部 15 卷、初步教科书和通俗教训书 17 部 56 卷、地理类 20 部 29 卷，医学本草类 4 部 31 卷、其他 9 部 18 卷。他的教育学说散见于《和俗童子训》《家训》《文训》《武训》《大和俗训》和《慎思录》等著作中。

关于教育的出发点和可能性，贝原益轩在《和俗童子训》的总论中指出：人只有具备五伦，才能称得上是万物之灵，不教人伦，则不知人道，近于禽兽，所以进行教育，就是确立人道，不使人成为禽兽；世上少有上智和下愚之人，多为一般人，一般人通过教育可成为善人，不受教育，则成为非善人，故应教之。可见，他的教育目标是使人成为具备五伦的贤人、善人。他在《慎思录》中又说："天之降命也，有善恶福祸二者之分。善恶之命者，因禀气之清浊纯驳，故有贤智愚不肖之异。然其机在我，可因学而变化。变化之，则愚者可进明，不肖者可进贤"。[①] 这是讲只有通过学习才能成为贤明之人。

他还阐述了养育幼儿的方法：在小儿能食会说之时（离乳期）、未变恶之前尽早教之，一旦养成恶习，再教亦无法改变（《和俗童子训》）；选择接近小儿左右的人，选择温和谨慎、勤恳话少的人作小儿的乳母（同上书）；对小儿不可姑息，不讲稀奇古怪的故事，恐生臆病（同上书）；饮食注意卫生，不让小儿食用有害的食品（《养生训》）；不让小儿厚衣多食，让他多见风日（《和俗童子训》）。关于幼儿的教养，他阐述了如下注意事项：尽早让小儿跟父母兄长学习接待宾客之礼和读书、习字、艺能，不接触品行不端的人，不着华丽衣物，适当做有益的游戏，不得有过多饮酒的恶习，不得傲慢；择良师结益友；为人弟子，须尊师重师，否则难得学问之道。他还论述了学习文字和文章的必要性。在《武训》中，从财政和军事两方面说明了对大家子

---

① ［日］尾形裕康著：《日本教育通史》，早稻田大学出版部，1965 年第五版，第 162 页。

弟进行算术教育的必要性。关于汉诗和和歌，他认为，应以鉴赏古诗古歌为主；与汉诗相比较，和歌更"适宜我国风俗，语言易懂，心易通"；汉诗，主要吟咏唐诗三百篇、《楚辞》中的赋、《文选》中的古诗。关于体育，他主张实行锻炼主义：常存三分饥寒，少欲平气，多静勿妄动。

贝原益轩在58岁时写的家训中论述了6—20岁的教育教学方法，在81岁时著成的《和俗童子训》中将其编辑成"随年教法"。据此，他根据青少年的身心发展特点制定的教学顺序是：6—7岁，"读书"学习数字、方位名、五十音图假名的读音、《孝经》的首章（7岁）；"习字"学习假名的书写、平假名的"往来物"；"礼仪道德"学习区别尊卑长幼。8—9岁，"读书"学习《孝经》《论语》中的短句，女童还学习《女诫》；"习字"主要学习汉字的草书；"礼仪道德"学习坐作、进退的礼节、与年龄相适应的礼让及辞让。10—14岁，男子跟教师学习，女子在家庭中接受教育；"读书"按《小学》、四书、五经的顺序学习："习字"学习汉字的楷书；"礼仪道德"跟教师学习孝悌之道、五常五伦之大略，保持身心温和，有爱人敬人之心；"艺能"，男子在余暇学习文武艺能，女子学习纺织和裁缝。15—19岁，"读书"上，愚钝者亦须通《小学》和四书的大意，聪明者进一步学习经传；"道德"学习义理、修身治人之道；习字和艺能同前。20岁，"读书"广学诸子和史书；"道德"上须抛弃童心，修习成人之德行；习字和艺能同前。贝原益轩详细列举了习字、读书、作文、讲义、史书各学科的教科书，制定了详尽的教学方式。

总之，贝原益轩的教育思想涵盖了德育、智育、体育、家庭教育、女子教育以及教学法、教科书等各方面。他虽然没有像一些学者那样开塾授徒，但他丰富的教育思想足以证明他是当时最著名的教育思想家之一。

（二）熊泽蕃山的教育思想

熊泽蕃山（1619—1691）是江户时代前期的儒学者，名伯继，号蕃山，晚年改号息游轩，通称次郎八，后改为助右卫门，京都人。父亲为野尻藤兵卫一利，因被外祖父熊泽守久抚养，遂冠姓熊泽。16岁时仕于冈山藩藩主池田光政，4年后辞官，退居近江的桐原。23岁时师从中江藤树，学习阳明学。27岁时再次仕于池田光政，任俸禄3 000石的番头，1657年（明历3年）辞职。后来，因与京都的公家交往甚密招致所司代牧野亲成的怀疑，被流放到吉野，又因著《大学或问》批判幕府，而被幽闭在古河，直至73岁时病故。他一生著述颇多，主要著作有《集义和书》《集义外书》《大学或问》《源氏外传》等。他没有专门论述教育的著作，他的教育思想散见于其学术著作之中。

熊泽蕃山基于先天的良智良能的观点，主张对幼儿的教育不能过于严厉，只要创造良好的环境，就能使他们趋于善。指出：强制他们为善，反而会折断善根，强制他们作学问，日后可能会讨厌学问，所以只要不让他们见不善之事，而多见善事，即使不加训诫，不刻意要求，他们亦会学善从善（《集义外书》）。他承认游戏的教育作用，认为幼儿的教育应首先从游戏开始。他在《集义外书》第一卷中论述了向幼儿教授礼法的过程中运用模型和进行模拟的方法，在《集义和书》第十三卷中主张不应禁止围棋、将棋等游戏。关于学习内容，他认为，"幼儿除学习读书、习字以外，还应学习武艺的初步和算数"（《集义和书》）；还认为幼儿长大以后，在学问上，以学习汉学为主，但多学未必好，要正确领会书的真义。

熊泽蕃山的教育思想中的一大贡献，就是在《大学或问》中详细论述了他的学校论。他认为"学校是文武兼习"的场所。也就是，学校的目的是培养具有修身齐家治国平天下的素质的人才，即"通晓道德、有优秀才能"的"于国于军都有用"的统治者。这决定着在学校中的学习者为武士子弟。他依据文武兼备的理想和青少年年龄的增长，规定了学校中 8—30 岁的教学课程：

武士子弟八九岁入学，学习习字、礼法和音乐等。习字，一日教一字。礼法，学习面见父兄、长者、宾客时的礼容、陪膳、侍候、进退、左右、送迎和应答等。音乐，学习笛、筚篥和笙的曲谱，听筝等弦乐。

自十一二岁读经传。经传，一日教一句，如"大学之道，在明德，在亲民，在止于至善"一章教 4 日。此外还学习习字和读字。从十三四岁渐渐学习大致的礼仪作法，从十四五岁学习弓术和马术。音乐，从十二三岁开始，分别教授三管，即笛、筚篥、笙，弦乐从筝教起。

自十五六岁进入讲堂，听讲书的道理和文义。自 20 岁前后，以自己看书为主，有不懂之处记录下来，然后再问。同时，练习刀术、枪术和炮术等。数学以在各家学习为主，特别用心的人亦可在学校学习。如此学习，到 30 岁，即能达到文武双成。

此外，熊泽蕃山关于音乐和武艺要跟"音律好的教师"、"武艺高强的教师"学习，教师水平不高，"弟子难以上进"的思想，关于"从其子易成时教起"的思想和"先学之子教后学之子"、"教学共益"的思想，都具有重要的理论意义。

他虽然没有亲自教授过门徒，但是他的教育思想，特别是他的学校论内容十分丰富。他的思想是江户时代兴盛时期形成的，从某种意义上说，是当时封建社会思想的本质反映，因而其中也存在着一定的阶级局限性，即对庶民的教育几乎没有论及。

（三）室鸠巢的教育思想

室鸠巢（1658－1734）是江户时代中期的儒学者，名直清，字师礼，号鸠巢，通称新助，江户人。15 岁时仕于加贺藩主前田纲纪，后受藩命到京都游学，跟随木下顺庵学习朱子学。他先任加贺藩的儒官，1711 年（正德元年）在新井白石的推荐下任幕府的儒官，不久受到将军德川吉宗的信任，于 1719 年（享保 4 年）担任吉宗的侍讲。主要著作有《骏台杂话》《六谕衍义大意》《大学中庸新疏》和《不亡抄》等。

室鸠巢在《不亡抄》（共四卷）中论述了他关于学问、礼乐、师范、朋友、孝养、育儿、农工商、税法、奉所和殉死等的观点和意见。他在该书中论述了人在本质上是平等的存在的观点，指出："本来人无贵贱，唯依众望而生贵。其缘由在于，人生于天地之内，五体同，知觉不异。皆取于天地，皆行于天地，皆居于天地，皆食于天地。焉有谁贵谁贱？"（《不亡抄》第三卷）。基于这种平等观，他认为应当选择道德高尚、聪明的人担任主君。无德无能之人，不应作主君。而身为主君的一项必不可少的任务就是振兴教育，即用公费建立学校，使所有的人都毫无例外地入学。

他在《不亡抄》第二卷"育子"中论述了武士子弟的学习顺序。即：7－8 岁，学习习字和文字以及杂舞、侍候、配膳等；9－10 岁，学习经办诸事的程序、作报告的步骤和剑术、矛术等；11－12 岁，学习各种礼节、礼法和弓术、马术以及穿戴甲胄、相扑等。13－14 岁，学习勇士的故事、汉书籍、兵法和作诗歌文章等；15 岁以后，专门从事家业，有余力时可继续学习文武艺。不仅如此，他还提出了"由浅到深，由粗到精"的教学原则，主张基于人的"性情"展开富有人性和个性化的教学。此外，从"农工商人（的教育）也大体上遵照这一宗旨进行取舍"的主张看，他认为对于武士和庶民应采取同样的教育理念和教育方法，这与他的平等观是相通的。在当时的历史背景下能提出这种观点，也是难能可贵的。

（四）广濑淡窗的教育思想

广濑淡窗（1782—1856）是江户时代后期的儒学者、汉诗人、教育家，幼时名寅之助，长大后名为求马，号淡窗，别号苓阳，谥号文玄先生，丰后国日田人。他出身于商人家庭，但自幼多病，无法从事家业，便专心读书，幼时即有神童称号。16岁时入筑前国福冈的龟井塾，受教于徂徕学派的儒学者龟井南冥、龟井昭阳父子，18岁时因重病退塾还乡，而后仍独自潜心学习。1804年（文化元年）23岁时，在为其治病的医生仓重凑的开导下，决心以开塾教书为业，先后开设了成章舍、桂林园，后扩建成为咸宜园。他的诗以淡雅、端整闻名，他的学问主要是程朱思想，还包括佛教、老子的思想。他的遗著有30种、一百数十册，主要著作有《约言》和《迂言》等。

广濑淡窗认为"教育人才乃善之大者"。他超脱一切名利荣达，以卓越的教育理想、深远的学识、崇高的人格，毕生从事教育事业，培养了数千名弟子。他在教育塾生的过程中，以敬天思想为本，讲解经典不拘泥于新旧，而以本文为典，对新注旧注进行折中；读书，不管和书还是汉（中国）书，只要认为合适就选用；学术观点不偏向于一学一派，而博采各学派之大要讲之。其目的在于培养在社会上实际有用的人才。

在教育过程中，他十分注意品性陶冶。在这点上，他一方面采取鼓励的方法，以醇化塾生的情操，另一方面还采取"先治之，后教之"的方法，制定了数目众多的规约、告谕，严格禁止塾生游闲散漫。他还十分注重个性教育，曾形象地比喻说："锐者钝者均难割舍，只要锥子和槌子分开使用的话"。又指出："大凡诸生之人品不会一样，有才子还有非才子，有富生还有贫生，有年长者还有年幼者，有勤者还有惰者，有塾内生还有外来生。诸生之期望，因人不同。故而，制定规约、课程之类，对彼有便，而对此不便，右边有喜欢的，而左边有抱怨的"。[①] 可见，他不仅认识到了塾生的个性，而且还在制定规约、课程时考虑了塾生的个性因素。

广濑淡窗在《迂言》中对教育作了论述，认为学校是以培养人才的需要而存在的。在江户时代末期封建社会危机四起的情况下，为了消除弊端、振兴国家，首要的任务是教育人才，这是他提出学校论的基本出发点。他指出，学校"探求训诂和作诗文，不务有用之学，会使学校的教学因此而流于形式，全然无法培育出人才"（《迂言》）。只有讲授有用之学，人才才能斐然而出，即使身份地位低下的贤才亦能相应得到出路。学校应教授的对国家有用的学问内容包括：经学、历史学、诸子学、文章学、兵学、医学、天文学、数学、和学、兰学和职原学（朝廷和武家的礼式、典故、官职、法令等知识）、书（法）学、诸礼学等。学生不管身份门第如何均可入学，10 岁入学，二十四五岁退学。在 20 岁以前接受普通教育，首先学习素读、习字、各种礼仪作法和算术，然后参加轮读、听讲义和轮讲，再后学做文章。20 岁以后，学习高等专门性的知识，并应养成读书的习惯。上述广濑淡窗关于人才教育的观点、关于教育内容的设想和关于学习进程的构想，都具有一定的近代色彩，对明治以后的新学制给予了一定影响。

---

① ［日］阿部重孝、城户幡太郎、佐佐木秀一、篠原助市编辑：《教育学辞典》第一卷，岩波书店，1936 年版，第 355 页。

第二章　日本第一次教育改革

第一节　近代公共教育制度的创设

（一）颁布《学制》

1. 《学制》的制定

1871 年（明治 4 年）7 月 18 日，新政府在废藩置县成功后的第四天设置六部省，作为全国的教育行政管理机构，掌管全国各府县的学校和一切教育事业。文部省的长官称为文部卿，下设大辅、少辅、大丞、少丞等官职。

文部省成立之后，立即着手进行国民教育制度的创建工作，主要从以下三个方面着手作了准备。第一，对作为新制度取法对象的欧美教育制度进行调查研究。在文部省设立前，随着文明开化思潮的传播，有关欧美教育制度的介绍和研究很早就已开始。福泽谕吉的《西洋事情》（1866 年）等书介绍了西洋学校制度的概况。明治维新后，由内田正雄翻译、开成学校出版的《荷兰学制》（1869 年），小幡甚三郎翻译、庆应义塾出版的《西洋学校示范》（1870 年）等也都详细地介绍了欧美的学校制度。文部省发行的《法国学制》（1873－1876），在《学制》颁布后出版。法国的学制当时受到人们普遍的重视，可见其内容也已早为人知。文部省成立后的第二个月即着手收集有关欧美教育制度的文献资料，组织人员对这些资料加以翻译、整理，以备起草《学制》时参考。为了详细了解各国情况，1871 年底，以岩仓具视为全权大使的使节团访问欧美各国，历时 1 年零 8 个月。其中文部省大丞田中不二麿、森有礼和新岛襄等随行，在《学制》起草过程中，这些人经常向日本政府报告欧美教育情况，对《学制》的起草也起了一定的作用。

第二，对国内实际教育状况进行考察。1871 年 9 月，文部省向正院提交《府县学校调查仪伺》，主张在实行学制改革前应先对当时地方教育的实际状况进行调查、了解。随后，文部省要求地方对本地区的学校、私塾等教育机构进行详细调查。第三，设置直辖学校，进行新型教育实验。文部省接收东京的学校之后，积极着手对旧有的学校进行改造，并设立新的小学校，制定新的学校规程，进行新型学校的实验研究。

在准备工作基本就绪后，文部省开始制定《学制》。1871 年 12 月组织了一个由 12 人组成的学制调查委员会，负责《学制》的起草工作。其成员为：箕作麟祥、岩佐纯、内田正雄、长荧、瓜生寅、木村正辞、杉山孝敏、辻新次、长谷川泰、西泻讷、织田尚种、河津祐之。其中，箕作麟祥、辻新次、河津祐之为研究法国学的学者，瓜生寅是研究英国学的学者，内田正雄为《荷兰学制》的译者，岩佐纯、长谷川泰是西医学者，国汉学者只有长荧和木村正辞。可见学制起草委员绝大部分由著名的洋学家组成。他们以法国的教育制度为蓝本，参照英国、荷兰、德国、美国等先进资本主义国家的教育制度，也兼顾国学者和汉学者的意见，以求在学制中体现日本传统的经验，贯彻"和洋结合"、兼容并包的精神。

三个月后，文部省完成了《学制》的草案，1872 年 3 月提交给太政官。草案经左院审议后获得一致通过，但在提交正院审议时，遇到了阻力。特别是《学制》实施所需经费问题，遭到了大藏省的强烈反对。但《学制》草案得到了新上任的司法卿江藤新平（原文部大辅）和参议大隈重信的支持。由于文部卿大木乔任的强烈要求，在经费问题悬而未决的情况下，《学制》终于在 1872 年 8 月 3 日得以颁布。

2.《学事奖励被仰出书》的发布

《学制》颁布的前一天，太政官发布《学事奖励被仰出书》（简称"被仰出书"）。"被仰出书"实际上是《学制》的序文，表明了《学制》的指导思想。

"被仰出书"主要表明了以下几点基本精神：一、功利主义的、立身出世主义的思想。立身治产离不开"修身、启智、长才艺"，而传授这些学问则是学校的目的。二、实学主义的学问观。上述学问绝不是"空谈虚理"的脱离实际的封建学问，而是"日常言语、书算"及农工商各业所必需的实用知识。三、教育平等的思想。因为这种学问是立身的"财本"，所以所有的国民不论阶级身份如何都应该上学，以达到"邑无不学之户，家无不学之人"的普及教育的要求。四、个人负担教育费的原则。既然学校对国民立身治产有益处，那么，学校的费用就不应该依赖官方，而应该由受教育者自己负担。

明治政府颁布"被仰出书"的立足点在于强调"一身独立"与"一国独立"的关系。这种观点与启蒙思想家福泽谕吉的"一身独立而一国独立"的思想是一脉相承的。明治政府试图通过人人向学，在实现"个人独立"的基础上，达成民族独立、国家富强的目标。在文部省向太政官提交的报告中明确阐明了这样的立场："国家的富强安康，要靠社会上人的文明才艺大有长进，文明之所以成为文明要靠一般人民之文明，没有一般人民之文明，即使有一两个圣贤，又能文明几何？"[①] 可见，在《学制》中贯穿的指导思想是为"富国强兵"和"殖产兴业"服务的国家主义教育观。国家主义是明治新政府成立以来各项改革的出发点。

3.《学制》的内容

《学制》由学区、学校、教员、学生和考试、海外留学生规则和学费等项目组成，计109章。次年（1873年），又增加一些内容，一共为213章。它是一个庞大而全面的国民教育计划。其主要内容如下：[②]

学区：全国共分8个大学区，每个学区设1所大学；每个大学区分

---

① ［日］《日本近代教育史》（现代教育学讲座5），岩波书店，1962年版，第31页。
② ［日］文部省教育史编纂会编：《明治以后教育制度发展史》第一卷，教育资料调查会发行，1964年版，第277－338页。

为 32 个中学区，每个中学区设 1 所中学；每个中学区分为 210 个小学区，每个小学区设 1 所小学。这样，全国共设立大学 8 所，中学 256 所，小学 53 760 所。若按当时人口计算，每 600 人设 1 所小学，每 13 万人设 1 所中学。

小学校：小学分为上下两等，学制各为 4 年，6 岁入学。下等小学 6—9 岁在学，上等小学 10—13 岁在学。小学以寻常小学为主体，同时可以设立女子小学（除寻常小学的科目外加授手工课）、村落小学（教学科目比寻常小学少，或吸收年长者入学，夜间授课）、贫人小学（吸收贫民儿童，学费由富人捐赠）、小学私塾（由取得小学教师许可证者在宅设校）、幼稚小学（幼儿园）。

中学校：是对小学毕业生施以普通学科知识教育的场所。分为上下两级，修业年限各为 3 年，共计 6 年。除此以外，也可以设立工业学校、商业学校、翻译学校、农业学校、诸民学校（对男子 18 岁以上，女子 15 岁以上的在职人员进行业余教育，也对 12—17 岁的人进行职业准备教育，晚间授课）、师范学校（传授小学教则和教法的学校）和残疾人学校等。

大学、专门学校：大学是教授高深学问的学校，分为理学、化学、法学、医学和数理学等五科。合格的毕业生授予学士称号。专门学校是指聘请外籍教师传授高深学问的学校。具体分为法学校、医学校、理学校、各种艺术学校、矿山学校、工业学校、农业学校和兽医学校等。

教员资格：小学教员年龄应在 20 岁以上，男女均可，但必须具有师范学校或中学校的毕业证书；中学教员，年龄必须在 25 岁以上，持有大学毕业证书；大学教员，必须是获得学士学位者。根据当时的实际情况，《学制》又规定允许私学、私塾及家塾教师的存在。但它们必须获得督学局的批准。为了保证教学质量和教师数量，规定师范学校教师不得兼职和转职。

学生和考试：不论何种学科，学生须一律经过考试，达到规定要求。小学和中学升级考试为小考，毕业时统一进行大考，合格者发给毕业证书。

学校的经费：明确规定有三个来源，一是学生缴纳的学费；二是民间赞助；三是国库补给。以前两者为主要来源。对于家庭贫困的优等生，在学费上给予资助，毕业后偿还。

《学制》的颁布是日本建立近代教育制度的开端。

4. 《学制》的实施与废除

《学制》颁布后文部省根据当时国内教育的实际状况，制定了《学制实施顺序》。《学制》实施的顺序是：①大力发展小学校；②迅速兴办师范学校；③女子与男子平等地受教育；④在各大学区逐步设立中学；⑤学生升级务必严格；⑥务必彻底执行学生学业的规定；⑦兴办商业、法律学校一二所；⑧如果新创建学校，务必力求完善；⑨积极发展翻译事业。

可见，文部省在实行《学制》时，首先重视的是小学校的建设，将发展小学教育列为文部省的首要工作。文部省在阐述其施政方针时是这样说明的："预期社会文明、人有才艺，只好求之于小学教育的广泛普及和完善，故当今着手的第一项任务就是把力量放在小学上"①。在这一方针指导下，文部省派往各地的督学官员都把普及小学教育作为首要任务向地方官和民众宣传。

同时，文部省要求各府县按照《学制实施顺序》认真贯彻执行。各地方官分别发布公告，奖励设置小学校，鼓励儿童就学。这些公告多半是根据"被仰出书"的精神制定的，有的侧重于民众的功利性，有的侧重于国家富强，有的侧重于对封建教育制度的否定。但最终几乎所有的公告都归结到国家的独立和富强方面进行宣传。堺县发布的题为《学问的心得》的公告对空虚无用的学问进行了痛斥，最后写道：

---

① ［日］文部省教育史编纂会编：《明治以后教育制度发展史》第一卷，教育资料调查会发行，1964年版，第342页。

"当今之时正是勤学开智、不枉为人一世，发扬日本之魂，研读各国书籍技巧，发明、制造机器，贡献皇国，既可广开产业之道，又可使国泰民安的良机，人人当鞭策子孙，为开化太平尽力。"①

与《学制》的精神（"被仰出书"）所表明的自由主义色彩相反，学制在实施过程中始终贯彻了强制、干涉的政策。地方官与文部省派遣的学区监督采取了强硬的奖励就学措施。有的劝诱儿童入学，有的用强压手段胁迫民众送子女上学。如筑摩县令亲自视察本县的 230 余所小学校，督励就学，使当时学龄儿童就学率达到 73%。该县是确保儿童就学率最高的县。劝诱就学的方法也是多种多样，有的府县发给儿童"就学牌"，使其佩戴在身上，以区别于不上学的儿童。有的府县命令警察负责搜寻上课时间不去学校的儿童。有的传训不就学儿童的父母或进行家庭访问等等。尽管各地采取了如此严厉的督学措施，但"当时，县民的就学意识仍然淡薄，一般农工商业者认为学校教育是无用的消闲，反倒是从前寺子屋式的教育更受欢迎"。② 由于《学制》过于理想化，脱离各地方实际，并且实行学费由国民负担的原则也加重了民众的负担。这引起了民众的不满，再加上民众对地税改政令和征兵令的不满，各地不断发生抗议新政的暴动事件，有的甚至烧毁学校。在这种情况下，政府于 1879 年（明治 12 年）废除了《学制》。

（二）学制期教育的发展

1. 小学校的设立

《学制》实施以后，在文部省的优先发展小学校的方针指导下，各府县大力发展小学校，奖励儿童就学。小学校获得了一定的发展。小学校数和小学教师、小学生的数量都有所增加。小学校和小学生人数

---

① ［日］国立教育研究所编，《日本近代教育百年史 3》学校教育（1），文唱堂，1974 年，第 596 页。

② ［日］国立教育研究所编：《日本近代教育百年史 2》，教育政策（2），文唱堂，1974 年，第 79 页。

增长了一倍多，教师人数增加了将近两倍。小学的数量甚至比现在的小学数量都多。

小学校增加的原因在于明治维新前寺子屋、私塾已经广泛普及。根据《学制》的要求，各府县把原本存在的寺子屋改为小学校，改造的方式不尽相同，但大体有以下三种：①完全废弃寺子屋和私塾，新设小学校；②与寺子屋、私塾相并行，新设小学校；再逐步把前者吸收到后者中；③根据学区制把寺子屋、私塾重新改编，改造成为小学校。大多数府县采取了第三种方式。根据 1875 年统计，小学校中只有18％为新建校舍，其他的 82％是借用寺院、民宅、官厅、仓库、旧藩邸等，其中使用寺院的占 40％，借用民宅的占 33％。① 借用的校舍环境非常差，而且规模都很小，大部分是单一班级的学校。每所学校一般只有教师 1—2 人，学生人数为 80 人左右。据 1877 年统计，1 个教室的学校占全部小学的 26％左右，1—3 个教室的学校占 60％，10 个教室以上的学校仅有 3％。小学校的教师质量也不符合要求。文部省虽然把教师的培养与小学校的设立放在同样重要的位置加以重视，但《学制》实施时，无法一时培养出来符合要求的毕业于师范学校或中学校的合格教师。为此，只好采取权宜之策，任用原来寺子屋的师匠和旧士族、神官、僧侣等幕府时代的知识分子为教师。

尽管小学校的数量增加了一倍多，但小学校的入学率仍然偏低。从《学制》实施到 1895 年，学龄儿童的就学率虽有增加，但其幅度并不大。

小学校入学率低的原因在于，《学制》是模仿欧美各国的教育制度制定的。其规定的教育制度、教学计划脱离日本各地区、各学校的实际，也脱离学生的能力和水平；只顾强令统一，而缺少教学上的灵活性，儿童接受不了，无奈只有退学。另外，学生和家庭负担过重，也

---

① ［日］长田新监修：《日本教育史》（教育学教材讲座 3）御茶水书房，1982 年版，第 168 页。

是一个重要原因。当时民众普遍贫困，而且文部省又规定教育费由民众负担，对各学校的补助拨款很少。在1873年至1878年间的公立学校经费收入中，文部省补助金最高的年份（1873年）也不超过12.6%，[①]其余大部分为"学区内募集金"、"捐赠款"和"学生缴纳的学费"，而这些款项实际上也是按人口分摊的。这就更加重了学生家庭的负担，影响入学率的提高。

2. 中等和高等教育状况

关于中学，《学制》颁布以后，1872年8月17日又公布了《外国教师任教中学的教则》，9月8日公布了《中学教则略》。规定，中学设有一年预科，小学毕业者应在预科学习完外语后方可进入中学，这种中学称为"正则中学"。同时，《学制》还承认"变则中学"和"中学私塾"或家塾的存在。学制制定后设立的中学校多是对旧幕府学校进行改造而来的，大部分都属于变则中学。当时设立的私立中学校也多为变则中学、中学私塾或家塾之类。所以，当时的大多数中学校虽称之为"中学校"，但实际上不过是比小学校程度略高的教授外语和其他内容的各种学校。

《学制》实施后，原来的大学南校改称为第一大学区第一中学，大阪开成所改为第四大学区第一中学，长崎的广运馆改为第六大学区第一中学，东京的洋学第一校改为第一大学区第二中学。这些学校虽名为中学，实质上并非《学制》所规定的中学校。根据1873年的《学制二编追加》，它们被作为了专门学校或外语学校，第一大学区第一中学于1873年开设了法学、理学、工学等专门学科，它是一所综合性的专门学校，1874年改称为东京开成学校。

1877年，东京开成学校与东京医学校合并，改称为东京大学。这是日本近代教育史上的第一所大学。东京大学分为法学部、理学部、

---

① 滕大春主编：《外国教育通史》第四卷，山东教育出版社，1992年，第399页。

文学部和医学部。它的任务是为近代日本培养管理人才和技术人才。政府对它给予特殊的待遇。不仅用高薪聘请外籍教师来此任教，而且送出大量学生到国外深造；从经费上来看，每年政府拨出的教育经费有 40％分给东京大学，仅 1880 年用于该校的经费就有 42 万多日元，约占文教经费的 50％，①使它一时间成为日本资本主义近代化的中心，一直发挥着越来越大的作用。

仅凭文部省直属的学校培养管理人才，显然不能满足政府"殖产兴业"政策的要求。于是内务省、工部省、大藏省以自己独特的方式开始培养管理人才。这些政府部门培养管理层人才的方法主要有两种：一是聘请外国人到学校里担任教师；二是直接派人员前往国外留学。工部省的科学技术引进是实施明治政府"富国强兵"、"殖产兴业"政策的重要一环。为了培养工业部门的技术、管理人才，1871 年工部省内设置工学案寮，它于 1873 年正式开学。分为小学和大学。大学由土木学、机械学、建筑学、电信学、应用化学、采矿学六科组成。学生毕业后有义务为工部省服务 7 年。1877 年，工学寮改为工部大学校，1886 年与帝国大学合并，成为帝国大学工科大学。农业学校有 1872 年在东京设置的开拓使学校，后迁到札幌，1876 年改称为札幌农学校，这是日本最早的高等农业教育机构。此外，还有内务省设置的驹场农学校和东京山林学校。在发展高等教育，培养管理人才的过程中，实业管理人才的培养是走在前面的。

3. 师范学校的发展

《学制》第 40 章规定小学教员无论男女必须年满 20 岁，持有师范学校毕业证书或中学毕业证书。但《学制》实施当初，合乎此要求的教师很少，合格教师不足极大地制约着国民普通教育的发展。认识到师范教育重要性的明治政府十分重视师范学校的建立。早在《学制》

① 郑彭年著：《日本西方文化摄取史》，杭州大学出版社，1996 年，第 282 页。

颁布前的 1872 年 4 月，文部省就在《关于建立小学教师培训机构的呈文》中谈到，普及小学教育离不开合格的教师，必须建立师范学校。在《学制实施顺序》中也将发展师范教育，兴办师范学校作为重要的一项。

1872 年 7 月，东京师范学校于《学制》颁布前成立。这是日本近代最早的教师培养机构。该校由文部省直接管辖。创立当时，共招收学生 54 名，由美国人担任教师，教科书和教具也都是美国的。主要学习美国的小学教学法。1873 年 1 月，东京师范学校开设了附属小学校。附属学校既是师范学校学生实习的地方，又是研究小学教则和教法的场所。1874 年 4 月，东京师范学校进行改组，设预科和本科，修业年限为 2 年。预科主要学习作为小学教员所必须掌握的各个学科，本科主要学习教学法。1875 年 8 月，东京师范学校设置中学师范科，以培养中学教师。根据 1877 年修订的学校规程来看，中学师范科修业期限比小学师范科长 1 年，为 3 年半，每 6 个月为 1 学期，一共分为 7 学期。同年 9 月，又开设了附属中学。后来，东京师范学校中学师范科独立为东京高等师范学校。东京师范学校是明治初期教师培养的全国性指导机构。

各府县小学校的迅速增多，急需培养大批的教师。仅凭一所东京师范学校根本无法满足小学校发展的要求。于是，文部省又相继设立了大阪师范学校、官城师范学校（仙台）、广岛师范学校、爱知师范学校（名古屋）、长崎师范学校、新泻师范学校。1874 年 3 月，又在东京设立东京女子师范学校。到 1878 年，官立师范学校毕业生达 1 100 多人。①

除官立师范学校以外，还有各府县设立的大量教员养成所存在。据统计，在全国的 63 个府县中，1873 年设立教员培养机构的有 11 个府县。1874 年，70% 的府县都设立了教员养成所。1876 年，各府县设

---

① ［日］国立教育研究所编：《日本近代教育百年史 3》学校教育（1），文唱堂，1974 年出版，第 882 页。

立的教员养成所总数已达 63 所。[①] 各府县设立的教员养成所形式灵活多样，大多根据本地区的实际情况开设。有的学习期限为 2 年，有的学习期限为 6 个月以下，培养方式也不拘一格。根据第二大学区教育议会的规定，教育培训方式有两种，一种是渐养法，一种是速成法。渐养法是由政府出资建立师范学校，其修业年限为 2 年，设置预科，其他方面与官立师范学校的培养方式相同，速成法是在师范学校或分校中实施为期 6 个月的短期培训。速成的培训方法适应了明治初年教师紧缺的情况，在一定程度上缓解了教师不足的矛盾。

第二节 国家主义教育体制的确立

明治中期（1885－1894）是日本国家主义教育体制确立的时期。经过明治初期 17 年的摸索和努力，在明治中期，日本的政治、经济、军事和文化教育等各个领域发生了重大的变化，资本主义制度逐步健全，日本独特的国家主义开始形成，随即，日本的国家主义教育体制得以确立。

（一）《改定小学校令》和教育立法上的敕令主义

1890 年 10 月，《改定小学校令》以敕令的形式发布。这项法令由 8 章 96 条构成，全面规定了小学校制度的基本事项。第一条规定，小学校应注意儿童身体的发育，以进行道德教育及传授国民教育基础知识和生活中所必需的普通知识与技能为宗旨。这一目的由道德教育、国民教育和知识技能教育三方面组成（此目的规定一直延续到 1941 年《国民学校令》的制定）。它首次明确了初等教育应注意"儿童的身体发育"，较之以前一直忽略对受教育者的规定是一大进步。而这里所规定的道德教育则不外乎是《教育敕语》所规定的道德条目；所谓"国民基础教育"也就是按照帝国宪法所确立的专制主义天皇制和《教育

---

① ［日］国立教育研究所编：《日本近代教育百年史 3》学校教育（1），文唱堂，1974 年出版，第 897－898 页。

救语》的要求，进行"尊王爱国"的国体主义教育和传授对国家有用的基础知识。

《改定小学校令》将小学校仍然划分为寻常、高等二级，取消了以前的小学简易科，代之以设立3年制寻常小学校，寻常小学校为3年或4年制，寻常小学修完为义务教育结束。高等小学校为2年、3年或4年制。寻常小学校和高等小学都可以设置补习科，特别是高等小学校可以设置农科、商科、工科等专修科。徒弟学校、实业补习学校也成为小学校的一种。因此，从形式上比以前的《小学校令》周全、灵活，而且较为重视初等教育中的低度实业教育，这也是基于国家主义立场，而重视对实用人才的培养。至于小学校的设立和维持，规定由市町村负责，但学校管理、教育内容等主要方面则完全由国家管理，这充分表明了文部省的"教育事务本属于国家，不属于自治体，根据法令规定或国家的许可，自治体可以管理教育事务。否则，自治体绝不可随意干涉教育事务"[1]的意图。

《改定小学校令》对初等教育制度进行了根本的改革，在具体实施中又规定了一系列的细则，1891年陆续公布了《小学校设备准则》、《小学校节日庆祝仪式规程》、《小学校教则大纲》、《学级编制规则》、《小学校教员检定规则》、《小学校长及教员职务规则》等20多项规程。这些规程的实施，使小学校教育制度变得整齐划一。教育内容也必须贯彻《教育敕语》的基本精神。《小学校教则大纲》详细规定了各学科在道德教育和国民教育方面应注意的事项，并要求一切学科都要实施"道德教育"和爱国教育，修身课更要根据《教育敕语》的宗旨，培养儿童的品质、涵养其德行、教授道德实践的方法。日本地理和外国地理，也要以培养爱国精神为宗旨。日本历史的宗旨则是使学生了解本国国体的概要，培养做一个国民应有的情操。总之，各科都要进行

---

[1] ［日］土屋忠雄、渡部晶、木下法也著：《概说近代教育史》，川岛书店，1971年，第52页。

"尊王"、"爱国"的国家主义教育。

（二）教科书检定制度的确立

1886 年 4 月森有礼制定的《小学校令》规定，小学校的教科书只能使用文部大臣检定的教科书。这一规定标志着教科书检定制度的开始。教科书检定制度的实施并不是偶然的。由于儒教主义复古教育思想的复活，以及国家主义教育思想的抬头，势必要求严格控制教育内容，从而使教育为天皇制国家主义教育体制服务。而且，教科书经过 1880 年的教科书调查、1881 年的开申制度、1883 年的认可制度逐渐制度化，并不断强化。

1886 年 5 月，文部省制定了《教科用图书检定条例》。第二年 5 月经过修订，改为《教科用图书检定规则》，该规则规定："教科书检定的主要目的在于证明教科书对于教学没有害处，并不审定其在教学上的优劣（第一条）[①]"。由此可见，在检定制度实施初期，主要目的在于剔除对教育有害的书籍，而并没有对教科书内容进行严格控制。但是 1892 年 3 月，检定制度的目的修改为"审定教科书是否符合师范学校令、中学校令、小学校令及教则大纲的要求，是否适合作教科书"，可见其重点在于审定教科书的内容。这与 1890 年 10 月《教育敕语》的发布有直接的关系。明治政府利用教科书检定制度，以确保《教育敕语》的宗旨贯彻于各科教学之中。1891 年的《小学校教则大纲》，1900 年的《小学校令施行规则》更是详细地规定了内容统一、具体的实施基准。

1887 年 3 月制定了《公私立小学校教科用图书选定方法》，规定了地方长官设立审查委员会负责教科书的选定工作。最初规定审查委员由：①寻常师范学校校长或校长助理；②学务课员 1 人；③寻常师范学校教头和附属小学校上席训导；④小学校教员 3 人；⑤通晓地方经济者

---

① ［日］文部省教育史编纂会：《明治以后教育制度发展史》第三卷，教育资料调查会发行，1964 年版，第 718 页。

2 人组成①。到了 1900 年，根据小学校令，审查委员的构成几经改变为：①府县书记官；②府县视学官；③专任府县视学；④师范学校校长；⑤师范学校教谕 2 人；⑥府县立中学校长 1 人；⑦府县立高等女学校校长 1 人；⑧郡视学 2 人②。可见，最初的民间人士和小学教员都被排除在外，教科书审定的官僚统治，倾向逐渐增强。这与国家主义教育体制的确立和扩充过程是一致的。

第三节　国家主义教育体制的扩充

（一）强化义务教育

1. 免费义务教育制度的确立

中日甲午战争期间，日本资本主义迅速发展，人民生活水平得以提高，儿童的就学率也不断上升。1895 年学龄儿童入学率为 61％，到了 1900 年超过了 80％③，因而，日本政府为了适应初等教育的发展，使国民教育更好地为国家服务，1900 年 8 月，再次修改《小学校令》，公布了新的《小学校令》。

新的《小学校令》规定，寻常小学校的修业年限为 4 年，高等小学校为 2 年、3 年或 4 年。依此废除了 1890 年《小学校令》规定的 3 年制的寻常小学校，从而将义务教育的年限统一为 4 年。为了确保义务教育的严格实施，规定学龄儿童监护人从儿童就学开始到就学结束负有使儿童入学的义务。另外，《小学校令》还鼓励 2 年制高等小学校与寻常小学校一起设置，从而为以后实施 6 年制义务教育作好了准备。更为重要的是《小学校令》规定公立寻常小学校免收学费，实施 4 年免费义务教育。这一规定在日本教育史上具有重大的意义。

---

① ［日］文部省教育史编纂委员会：《明治以后教育制度发展史》第三卷，教育资料调查会发行，1964 年版，第 709 页。

② ［日］文部省教育史编纂委员会：《明治以后教育制度发展史》第四卷，教育资料调查会发行，1964 年版，第 51 页。

③ ［日］文部省编：《学制百年史》，帝国地方行政学会发行，1972 年，第 296 页。

2. 义务教育国库补助制度的确立

为了确保义务教育的实施，明治政府除了免收小学学费以外，着手建立义务教育国库补助制度。

普及义务教育则必然要求免除或轻减学费，而这要由市町村的财政来负担是极为困难的。所以，要求对义务教育实施国家补助的呼声日益高涨。于是，文部大臣井上毅在实施减免学费的同时，酝酿建立小学校教育费国库补助制度。经过讨论最终向政府提出《小学教员年功加薪国库补助法》，但因议会解散而未能成立。此后的西园寺文相继续向下届议会提出。1896 年 3 月，《市町村立小学教员在功加薪国库补助法》得以批准成立。

该法案规定，凡连续工作 5 年者增发基本工资的 15％，如再连续工作 5 年就再加 10％，最多增发到 35％为止。这是一项提高小学教师工资待遇的法案，它打开了国库补助小学教育费的缺口，开启了国家补助义务教育费的先例。

1899 年 10 月，又制定了《小学校教育费国库补助法》。该法规定，国库每年支出补助款交给市町村用来充作小学教育费，按学龄儿童及小学儿童的比例分配。1900 年 3 月，又将《市町村立小学教员年功加薪国库补助法》和《小学校教育费国库补助法》这两个性质相同的法案合二为一，重新颁布《市町村立小学校教育经费国库补助法》。明确规定，政府每年从国库支出 100 万日元，作为小学教师的教龄津贴及特别加薪之用。通过以上一系列法规的实施，从经费上保障了义务教育制度的顺利实施。

3. 义务教育年限的延长

4 年制义务教育制度的实施和义务教育国库补助制度的确立，使日本的初等教育获得了快速的发展，到 1905 年学龄儿童就学率上升到 95.62％，1907 年上升为 97.38％。就学率的男女差别也急剧缩小，1907 年男童就学率为 98.53％，女童为 96.4％。就学率的地域差也逐渐缩小。而且，由于1900年实施4年制义务教育制时，政府鼓励2年制高等小学校与4年制的寻常小学校并设，2年制的高等小学校的发展也很迅速。

基于这种形势，通过甲午战争和日俄战争愈发重视国民教育的日本政府于1907年3月21日重新修改《小学校令》，再次延长义务教育年限。将寻常小学校的修业年限由4年改为6年，义务教育年限也由4年改为6年，从下一年开始实施，日本的小学校6年义务制自此开始。文部省表示若条件成熟，以后还会继续延长义务教育年限。寻常小学校的教学科目有修身、国语、算术、日本历史、地理、理科、图画、唱歌、体操，为女生开设裁缝课，也可开设手工课。高等小学校的修业年限为2年，也可以是3年。经过这一修改，6年制的寻常小学校与中等学校直接衔接，改变了过去的寻常小学校4年、高等小学校2年，然后才可进入中等学校的系统。

4. 国定教科书制度的确立

文部省在着手整顿义务教育制度的同时，为了确保义务教育的国家主义方向，严格从教育内容上把关，进一步建立起国家教科书制度。

1886年随着《小学校令》的颁布而确立的检定教科书制度，在实施的过程中出现了许多问题。教科书审查员与出版社之间收受贿赂的丑闻不断出现。1902年，检举揭发出大批涉嫌教科书犯罪人员，史称"教科书疑案事件"。利用这一事件，文部省顺利地确立起国定教科书制度。

建立国定教科书制度的主张在此以前即已出现。1896年，贵族院曾建议修身教科书应由国家直接编辑出版。第二年进而又建议小学读本和修身教科书都要由国家来制定。1899年众议院也提出相同的建议，并主张所有的小学校教科书都应由国家制定。文部省也于1900年4月设立修身教科书调查委员会，开始国定教科书的编辑准备工作。

1903年4月，经过修改的《小学校令》规定小学校的教科书必须为著作权在文部省的图书。由此开始了教科书的国定时代。《小学校令》将修身、日本历史、地理及国语读本规定为必须使用国定教科书。在《小学校令》施行规则中又进一步规定字帖、算术、图画的教科书也必须是国定教科书。从 1904 年开始，全国的小学校开始使用国定的各科教科书。通过确立国定教科书制度，文部省统一了全国小学校教科书的内容。教科书的印刷出版委托给民间，并制定了《小学校教科书翻刻发行规则》，文部省作出教科书的样本，对文字大小、插图、页数、行数和每行的字数都做了详细规定。

国定教科书制度在确保日本教育沿着国家主义方向发展上，发挥了重要的作用。

（二）中等教育的发展

1. 男子中等教育的发展

1886 年颁布的《中学校令》规定寻常中学校和高等中学校都属于中等教育阶段。1894 年井上毅颁布的《高等学校令》把寻常中学校与高等中学校分离，将高等中学校改为"高等学校"，规定它属于专门教育机构，并设有大学预科，因此，高等学校不再属于中等教育范畴，而是高等教育机构的一种。由于《高等学校令》的公布，原《中学校令》中高等中学校的规定则变得有名无实。于是 1899 年 2 月 7 日，文部省对《中学校令》进行了修改。

修改后的《中学校令》删除了有关高等中学校的条项，并将寻常中学校的名称改为中学校。规定，中学校的目的在于对男子施以必要的"高等普通教育"。这一规定一方面改变了以前寻常中学校对男女两性共同实施中等教育的性质，把中学校只规定为对男子实施中等教育的机构，确立了中等教育中男女分离的原则。另一方面又明确限定了中学校教育的基本性质是"高等普通教育"。从 1881 年中学校制度改革以来，文部省一直赋予中学校以预备教育和完成教育的双重性格。新的中学校将两者用"高等普通教育"的概念来统括，可以说是对原来方针的一个重要改变。同时采用这一概念加以规定也是由于高等女学校和实业学校作为中等教育机构也已自成体系。此外，新的《中学校令》规定中学校的入学资格为高等小学校第二学年结业（初等教育 6 年），修业年限为 5 年，与原来的寻常中学校相同。

新的《中学校令》颁布后，1901 年 3 月又制定《中学校令施行规则》。该规则详细规定了中学校的学习科目，有修身、国语与汉文、外语（英、德或法语）、历史、地理、数学、博物、物理与化学、法制与经济、图画、唱歌、体操（其中法制与经济、唱歌两科可酌情开设）。1902 年 2 月，文部省颁发了《中学校教授要目》，更进一步注明各个科目的教学注意事项。尤其是对于修身课，明确列有"尊重国体、遵守国法、义勇奉公、忠君、皇祖、皇宗、皇运"等条目。可见，国家的统治涉及到了中学校教学科目的具体内容方面。

1899 年的《中学校令》把设置中学校规定为各地方的义务，从而促进了中学校的发展。1899 年中学校有 218 所，学生人数为 78 315 名，1905 年学校为 271 所，学生人数为 104 968 名，1910 年学校为 311 所，学生人数为 122 345 名[①]。

2. 女子中等教育的发展

有关女子中等教育的规定首先开始于 1891 年 12 月修改的《中学校令》。该令规定，高等女学校是对女子进行"高等普通教育"的场所，是寻常中学校的一种。对高等女学校学科课程进行详细规定的是 1895 年 1 月的《高等女学校规程》。

1899 年（明治 32 年）2 月 8 日，文部省颁布《高等女学校令》，把高等女学校从男子中学校中分离出来，形成为独立的女子中等教育机构。《高等女学校令》规定，高等女学校是对女子施以必要的"高等普通教育"的学校；修业年限为 4 年，允许根据实情伸缩 1 年，可设立 2 年以内的补习科；入学资格由过去的 4 年制寻常小学校毕业者改为与

---

① [日] 文部省编：《学制百年史》，帝国地方行政学会，1972 年，第 362 页。

男子中学校相同的高等小学校第二学年结业者。高等女学校可开设技艺专修科和专攻科。

高等女学校的目的虽规定为与男子中学校相同的实施"高等普通教育",但其教育方针却与中学校不同,采取的是"贤妻良母主义"的教育。

高等女学校的修业年限以 3 年为基准,允许 3—5 年多种形式存在。较之男子教育灵活多样,程度稍低。1908 年,随着义务教育年限的延长,文部省再次修改《高等女学校令》,将修业年限允许伸缩一年的规定改为只可延长,不可缩短,入学资格也改为年龄为 12 岁以上的寻常小学校毕业生。这样女子的修业年限与男子逐渐接近。1910 年 10 月,实科高等女学校成立,女子教育更加重视女子实际生活知识的教育。

《高等女学校令》颁布后,政府极为重视高等女学校的设立,并鼓励开办私立女子高等学校。这样,高等女学校迅速发展起来。1894 年高等女学校只有 14 所,1900 年发展到 52 所,学生有 11 984 名。1905 年为 100 所,学生有 31 918 名。1910 年为 193 所,学生有 56 239 名[①]。

此外,文部省又通过颁布《实业学校令》确立了职业教育系统。这样,明治后期,经过了一系列改革,中等教育的结构在初等教育的基础上,形成为男子中等普通教育、女子中等普通教育和职业教育三类,各成体系,分别承担不同的任务。

(三)高等教育的发展

1. 建立专门学校制度

随着中等教育的发展,进入专门学校的学生越来越多。为了整顿高等教育机构,有必要对专门学校进行统一的规定。1903 年 3 月 27 日,文部省公布《专门学校令》,确立了专门学校制度。

《专门学校令》规定,专门学校的任务是教授高等的学术和技艺;

---

① [日]文部省:《学制百年史》,帝国地方行政学会,1972 年,第 363 页。

入学资格为中学校及高等女学校毕业或具有同等学力者；修业年限为 3 年以上，在同一学校内可以设置预科、研究科；办学方面既允许国立和公立，也允许私立。私立学校和公立学校一样有了同等的地位，这是一个很大的改革。

随着专门学校令的实施，已经从高等学校的医学部独立出来的千叶、仙台、冈山、金泽、长崎的各医学专门学校和东京外国语学校、东京音乐学校、东京美术学校等，依据该法成为专门学校。根据 1903 年 3 月制定的《公立私立专门学校规程》，公立和私立的专门学校也得以承认。

《专门学校令》公布后，日本的专门教育获得了快速发展。医学方面的专门学校除了上述 5 所以外，还有公立的京都府立医学专门学校（1903 年 6 月设立）、爱知县立医学专门学校（同年 7 月设立）、大阪府立高等医学校（同年 9 月设立）、私立的东京慈善医院医学专门学校（同年 9 月设立）、熊本医学专门学校（1904 年 2 月设立）。法律方面的专门学校有东京法学院大学、明治大学、法政大学、京都法政专门学校、关西法律学校、专修大学、庆应义塾大学、日本大学、早稻田大学，它们都是私立专门学校。语言文学方面的专门学校有官立东京外国语学校、私立的有哲学馆大学、明治学院、青山学院、日本女子大学校、东北学院、同志社专门学校、女子英学塾、青山女学院、国学院等。宗教方面有净土宗高等学院、明治学院神学部、青山学院神学部等私立专门学校。美术音乐方面有官立的东京美术学校和东京音乐学校。1903 年，全国各种专门学校共有 47 所，到 1910 年专门学校数发展为 79 所，学生有 33 000 名，（其中女生为 1 000 名）[①]。

2. 增设帝国大学

中日甲午战争后，随着中等教育、高等教育的发展，要求改革帝国大学以适应政治、经济发展需要的呼声日益强烈。因此，文部省于

---

① ［日］文部省：《学制百年史》，帝国地方行政学会，1972 年，第 376 页。

1897 年开设京都帝国大学，同时把原来的帝国大学改称为东京帝国大学。这样日本就有了两所帝国大学。京都帝国大学于 1897 年 9 月首先创设了理工科大学，1899 年 9 月设置法科大学和医科大学，1906 年设置了文科大学。

日俄战争后，文部省进一步扩充高等教育，计划在九州、北海道增设新的大学。1907 年 6 月，在仙台开设东北帝国大学。东北帝国大学是以札幌农学校为基础建立的。设立时，将札幌农学校改称为东北帝国大学的农科大学，1911 年 1 月又在仙台增设理科大学，1912 年附设医学专门部和工学专门部，并把以前的仙台医学专门学校和仙台高等工业学校合并到东北帝大。

1910 年 12 月，九州帝国大学在福冈建立。1911 年 1 月开设九州帝国大学工科大学，同年 4 月开设医科大学，形成了两分科的帝国大学。这样明治后期，日本共有四所帝国大学。进入大正年间之后，1918 年又开设了北海道帝国大学。

（四）师范教育的发展

1.《师范教育令》的制定

随着学龄儿童就学率的快速增长，义务教育的逐渐普及，对教师的要求也越来越大。教师不足，尤其是合格教师缺乏成为明治 30 年代后期一个重要的问题。为了解决这一矛盾，文部省开始着手对师范教育制度进行改革、整顿。1897 年 10 月 9 日，文部省公布《师范教育令》，废除了 1886 年的《师范学校令》。

《师范教育令》第一条明确规定了高等师范学校、女子高等师范学校、师范学校（寻常师范学校改称师范学校）的目的。高等师范学校培养师范学校、寻常中学校、高等女学校的教师；女子高等师范学校培养师范学校女子部、高等女学校教师；师范学校培养小学校教师。而且明确规定这些学校必须"涵养顺良、信爱、威重的德行"，这是《师范教育令》的一个显著特点。

《师范教育令》还规定，在东京设立高等师范学校、女子高等师范学校各1所，北海道和各府县设立师范学校1所或数所；高等师范学校和女子高等师范学校受文部大臣管辖，师范学校由地方长官管理；允许招收自费生，改变了以前只由官公费支付学费的原则；三种师范学校的学科程度以及教科书由文部大臣另行规定；师范学校可设置预科、小学教员讲习科和幼儿园保姆讲习科。

与《师范教育令》同时公布的《师范学校学生定员》重新规定了师范学校招生人数的计算方法。即：以地方府县辖区内的学龄儿童数为基础，计算出年级数（以学龄儿童的三分之二为对象，每年级人数为70人），然后再根据教师平均工作年数（20年）计算出每年需要的教师人数，依据这一人数决定师范学校每年的招收人数，男女生的比例由地方长官负责掌握。

2. 师范教育机构的整顿

（1）师范学校

明治后期学校制度的整顿和扩充，尤其是义务教育年限的延长，要求进一步扩充师范教育。1907年（明治40年）4月17日，文部省公布了《师范学校规程》，使《师范教育令》规定的师范学校制度具体化了。

《师范学校规程》由99条组成。第一章首先表明了国家主义的师范教育精神。强调师范生应"培养精神、磨砺德操"，"富有忠君爱国的志气"，"具有守纪律、遵秩序的师表威仪"。其次规定，师范学校分为预科和本科、本科又分为第一部和第二部。预科招收2年制高小毕业生，年龄在14岁以上，修业年限为1年；本科第一部招收预科课程结业者或3年制高等小学毕业生，年龄在15岁以上，修业年限为4年；男生本科二部招收中等学校毕业生，年龄在17岁以上，修业年限为1年；女生本科二部招生对象是4年制高等女学校毕业生，年龄在16岁以上，学习期限为2年，或招收5年制高等女学校毕业生，年龄在 17 岁以上，学习期限为 1 年。此外，师范学校还可设立小学教员讲习班和附属小学。

《师范教育令》和《师范学校规则》实施后，师范学校迅速增多，其学生人数也相应增加。1897 年师范学校有 47 所，学生人数为 6 506 名，1907 年师范学校增加到 69 所，学生人数为 9 453 名，1912 年师范学校有 86 所，学生人数为 14 013 名[①]。

（2）高等师范学校和女子高等师范学校

1894 年 4 月，文部省制定《高等师范学校规程》，将原来的理化学科、博物学科、文学科的学科整合为文科和理科，并且为了扩大中等学校教员的培养渠道，设置了研究科、专修科和选科。同年 10 月又制定了《女子师范学校规程》。根据这些规程，建立了高等师范学校和女子师范学校制度。

关于高等师范学校，1898 年修改了《高等师范学校规程》，将文科分为教育学部、国语汉文部、英语部、地理历史部，理科分为数学部、博物学部。1900 年再次修改，废除文科、理科，设置预科、本科和研究科，本科分为 4 个学部。1902 年，文部省另外设立广岛高等师范学校，从而使高等师范学校增至两所。

女子高等师范学校和高等师范学校类似，也是培养中等程度教师的机构。1899 年，除文科、理科之外增设技艺科。1908 年，文部省设立奈良女子高等师范学校，女子高等师范学校也增为两所。根据 1909 年修改的《女子高等师范学校规程》，东京女子师范学校设有文科、理科、技艺科；奈良女子高等师范学校的本科分为国语汉文部、地理历史部、数理化学部、博物家务部四部。

（3）临时教员养成所

1902 年 3 月，文部省制定了《临时教员养成所官制》，规定帝国大

---

① ［日］国立教育研究所：《日本近代教育百年史 4》，学校教育（2），文唱堂，1974 年版，第 1441 页。

学和直辖学校可以设置培养师范学校、中学校和高等女学校教师的临时性机构。这是解决师范学校、中学校、高等女学校教师不足的一种应急措施。根据《临时教员养成所规程》的规定，临时教员养成所的修业年限为2年，它可以开设国语汉文科、英语科、数学科、博物科、物理化学科中的一个或数个。

起初，临时教员养成所共设有5所，它们是在东京帝大设立了第一临时教员养成所（国语汉文科、博物科）、在第一高等学校设立了第二临时教员养成所（物理化学科）、在第二高等学校设立的第三临时教员养成所（英语科）、在第三高等学校设立的第四临时教员养成所（数学科）、在东京外国语学校设立的第五临时教员养成所（英语科）。1906年，又在东京女子高等师范学校内设立的第六临时教员养成所（英语科）。

此后，根据教员的需求情况，临时教员养成所时增时减。

（五）职业教育的发展

1. 制定《实业学校令》

中日甲午战争后，日本资本主义迅速发展，尤其是近代工业和重工业迅速发展。明治政府为了促进职业教育的发展和整顿各种职业学校，于1899年2月7日公布了《实业学校令》，对整个职业教育进行统一的规定，该法令的实施及其相关法规的制定使职业教育得以制度化和体系化。

《实业学校令》是关于整个职业教育的原则性法令。它规定，实业学校的目的是向从事工业、农业、商业等实业的人施以必需知识的教育。实业学校分为工业学校、农业学校、商业学校、商船学校和实业补习学校。蚕业学校、山林学校、兽医学校及水产学校包含在农业学校中，徒弟学校包含在工业学校中。

在公布《实业学校令》后不久，文部省于1899年2月又公布了《工业学校规程》《农业学校规程》《商业学校规程》《商船学校规程》《水产学校规程》，并修改了《实业补习学校规程》和《徒弟学校规程》。

《工业学校规程》规定，工业学校的入学资格为年龄14岁以上，具有4年制高等小学毕业或同等以上学力者。修业年限为3年，也可以延长1年。工业学校可设2年以内的预科，也可设别科和专攻科。教学科目为：修身、读书、作文、数学、物理、化学、图画、体操以及与实业相关的科目和实习。

《农业学校规程》规定，农业学校分为甲、乙两种。甲种修业年限为3年，也可以延长1年。入学资格为年龄14岁以上的4年制高等小学毕业生或具有同等学力者。教学科目有修身、读书、作文、数学、物理、化学、博物、经济、体操以及与实业相关的科目和实习。可设预科、专攻科、补习科。预科学习年限为3年以内；专攻科是为甲种农业学校毕业生继续研修一门或几门课程而设置的；补习科是为准备进入高等农业学校的毕业生而开设的课程。乙种农业学校，入学资格为年龄12岁以上的寻常小学毕业生或具有同等学力者。课程开设与甲种基本相同。农业学校可开设别科，用简易的方法教授农业知识。

《商业学校规程》规定，商业学校分为甲、乙两种。甲种修业年限为3年，也可以延长1年。入学资格为年龄14岁以上的4年制高小毕业或具有同等学力者。教学科目有修身、读书、习字、作文、数学、地理、历史、外语、经济、法规、簿记、商品、商务要领、商业实践、体操，也可根据情况加设其他科目。甲种学校也可以设2年以内的预科、专攻科和专修科。乙种修业年限为3年以内。入学资格为年龄10岁以上的寻常小学毕业生或具有同等学力者。教学科目有修身、读书、习字、作文、算术、地理、簿记、商务要领、体操等，也可开设其他科目。

《商船学校规程》规定，商船学校分为甲、乙两种。甲种修业年限为3年以内，根据实习课的情况可适当延长一段时间。入学资格为年龄14岁以上，4年制高等小学毕业生或同等学力者。教学科目为：修身、读书、作文、数学、物理、地理、外语、图画、体操及与实业相关的各科目和实习。此外，也可加设化学、法规等科目。甲种学校可附设 2 年以内的预科和专修科。乙种修业年限为 2 年以内，入学资格为年龄 10 岁以上的寻常小学毕业生或同等学力者。教学科目有修身、读书、习字、作文、数学、体操及与实业相关的科目和实习。

《水产学校规程》规定，水产学校中本科的修业年限为 3 年，可酌情在 2 至 3 年内伸缩。本科入学资格为年龄 14 岁以上的具有 4 年制高等小学毕业或同等学力者。水产学校可设置预科、别科和专攻科。

在颁布实业学校诸规程的同时，文部省于 1902 年修改了《实业补习学校规程》，1904 年修改了《徒弟学校规程》。

根据修改后的《实业补习学校规程》规定，实业补习学校招收年龄 10 岁以上的相当于寻常小学毕业水平者，修业年限和教学时间可根据实际情况酌情安排。实业补习学校可附设在小学、实业学校及其他学校内，可以选择学生最适宜学习的时间及季节进行教学。可见，它是业余职业教育性质的学校。教学科目有国语、修身、算术及关于实业方面的科目，实业方面的科目，可按工业、农业、商业、水产等几个方面开设。

徒弟学校包含在工业学校之中。修改后的《徒弟学校规程》规定，徒弟学校是对将要从事实业的学徒工施以必要的教育，修业年限在 6 个月以上、4 年之内，入学资格为年龄 12 岁以上，具有寻常小学校毕业以上的学历者。

经过改革职业教育获得了迅速发展。1899 年实业学校为 121 所，学生数为 15 882 名；1901 年为 172 所，学生数为 21 808 名；1903 年学校数为 240 所，学生数为 31 160 名；1905 年学校数为 272 所，学生数为 39 182 名。①

---

① ［日］文部省编：《学制百年史》，帝国地方行政学会发行，1972 年版，第 401 页。

2. 实业专门学校的发展

1903 年《专门学校令》公布时，《实业学校令》随之进行了追加修改："实施高等教育的实业学校称为实业专门学校，关于实业专门学校的规定依据《专门学校令》"。由此，凡是以实施高等职业技术教育为目标的实业学校都属于实业专门学校。实业专门学校按照《专门学校令》的规定办学，允许设置国立、公立和私立专门学校；入学资格为中学校、高等女学校毕业生或同等学力者；修业年限为 3 年。这样，以各种实业学校为中等职业技术教育机构，实业专门学校为高等职业教育机构的职业教育体系构成了学校体系的另一轨。

《专门学校令》实施后，政府新设立了一批实业专门学校，还将一些实业学校升格为实业专门学校。

在工业专门学校方面，1905 年 5 月东京工业学校升格为东京高等工业学校，大阪工业学校升格为大阪高等工业学校。1902 年 3 月设立京都高等工业学校，1905 年 3 月设立名古屋高等工业学校，1906 年设立仙台高等工业学校。同年，第五高等学校工学部独立，改为熊本高等工业学校。1910 年 3 月，米泽高等工业学校和秋田矿山专门学校成立。1907 年，私立明治专门学校得到认可。

农业专门学校方面，原来的札幌农学校根据修改后的《实业学校令》，于 1903 年成为实业专门学校。1902 年 3 月创立盛冈高等农林学校，1908 年 4 月创立鹿儿岛高等农林学校。1909 年 3 月创立千叶县县立园艺专门学校。1910 年 3 月创办上田蚕丝专门学校。此外，私立东京高等农业学校于 1903 年 8 月改为实业专门学校。

商业专科学校方面，原来的东京高等商业学校于 1903 年改为实业专门学校，1903 年创建神户高等商业学校，1905 年创建长崎高等商业学校，1910 年创办小樽高等商业学校。此外，有的高等学校经过改组变成了专门学校，比如 1905 年，山口高等学校改组为山口高等商业学校。

3. 实业教师培养制度

在政府大力推进职业教育的政策下，实业学校激增，教师的需求量也随之不断扩大。为此，1899年3月，文部省制定了《实业学校教员养成规程》。该规程规定，实业学校教师通过两种方式培养，第一，东京帝国大学农科大学本科和实科、东京高等商业学校、东京工业学校的学生毕业后若想成为实业学校教师者，最后一学年要加授教育学和教学法，并向其提供补助，同时要求毕业后服务一定的年限。第二，分别设立农业教员养成所、商业教员养成所和工业教员养成所。农业教员养成所主要培养农业补习学校的教师，附设于东京帝大农科大学内，修业年限为1年；商业教员养成所主要培养商业学校和商业补习学校的教师，附设于东京高等商业学校内，修业年限为2年；工业教员养成所主要培养工业学校、徒弟学校和工业补习学校的教师，附设于东京高等工业学校内，修业年限为3年。三者的入学资格均为师范学校、中学校或同等以上实业学校的毕业生。各养成所除了职业专门学科以外，都把逻辑学、教育学、教学法和体操作为必修科目。对于这种培养方式，国家也提供一定的补助，并要求一定的服务年限。

但是，这些机构的设立仍然满足不了对教师的需求。1902年4月，文部省重新制定《实业学校教员养成规程》，新的规程除了以前规定的东京帝国大学本科和实科、东京高等商业学校、东京工业学校和各实业教员养成所以外，新增加了东京美术学校、商船学校、水产讲习所等学校。对这些学校的学生提供补助，以吸引他们从事实业学校的教师工作。

第四节　国家主义教育体制的再扩充

1912年（明治45年）7月30日，明治天皇去世，此后日本历史进入了大正时代（1912－1926）。在大正时代发生的一个重大事件就是第一次世界大战（1914 年 7 月至 1918 年 11 月）。第一次世界大战给日本的政治、经济、外交、思想、文化、教育和社会生活等各方面都带来了重大影响（日本于 1914 年 8 月参与协约国方面的战争）。

（一）初中等教育和师范教育的改革及发展

1. 制定《市町村义务教育经费国库负担法》

随着义务教育年限延长到 6 年（1907 年），市町村负担的教育经费明显增加，因而市町村强烈要求增加教育经费投入。临时教育会议表明了国库部分负担市町村立小学教师工资的方针。在这种情况下，大正政府于 1918 年 3 月 27 日公布了《市町村义务教育经费国库负担法》。根据这项法律，国库每年拨出不低于 1 000 万日元的经费，用于支付市町村立小学正式教师和准教师工资的一部分；国库负担金的分配方法是，以市町村立小学的教师数和学生数为基准，按比例交付给市町村，而且将其中十分之一以内的金额特别增拨给财力薄弱的町村。通过制定这项法律，改变了过去国库对市町村义务教育经费的不足部分予以补助的做法，而采取国库与市町村共同负担义务教育经费的方法，从制度上确立了二者在义务教育经费上的分担关系。

1923 年 3 月 28 日，大正政府修改《市町村义务教育经费国库负担法》，将国库负担金额由 1 000 万日元增加到了 4 000 万日元，在资金分配上采取了薄市厚町村的方式，以调整市町村间义务教育经费的财源不均衡的状况。此后，随着社会形势的变化和教育的发展，政府多次修改该项法律，不断追加金额，1926 年增加到 7 000 万日元，1927 年增加到 7 500 万日元，1930 年增加到了 8 500 万日元。

2. 修改《小学校令》及其施行规则

根据临时教育会议关于改善初等教育的建议精神，大正政府于 1919 年 2 月 7 日和同年 3 月 29 日分别修改了《小学校令》、《小学校令施行规则》。这次主要是修改学科课程和授课时数。寻常小学的改革要点是：①总的精神是通过调整学科课程，使之适应学生的身心发展和当地的实际情况，通过略减授课时数，减轻学生的学习负担；②增加所谓涵养国民精神的地理和日本历史（第 5 学年的课程）的授课时数，即由二者每周 3 学时改为每周各 2 学时（共 4 学时）；③增加理科的授课时数，即将原来第 5 学年的理科提前到第 4 学年，第 4、5 两个学年的授课时数均为周 2 学时。高等小学的改善方针是拓宽教学科目的取舍选择范围，加强实际生活所需科目的教学；其日本历史和地理的授课时数增加的方针与寻常小学相同。

随着小学教育的发展，特别是高等小学入学率的提高（1926 年为 55％），大正政府于 1926 年 4 月再次修改《小学校令》和《小学校令施行规则》，主要目的是改革高等小学的教育内容，即针对高等小学毕业生绝大多数走向社会的状况，增加与社会工作相关的科目，如：在必修科目中增加图画、手工和实业；在女生的必修科目中，除裁缝以外，再加上家务；数学讲授代数计算和几何图形，将珠算作为必修科目。

在大正时代，小学教育得到了较大发展。自 1913 年至 1926 年，学校数虽有所减少（1913 年为 25 615 所，1926 年为 25 490 所），但学生数和教师数均有大幅度增加，学生数由 7 095 755 名增加到了 9 287 662 名，教师数由 157 285 人增加到了 216 831 人[①]。

3. 制定《幼儿园令》和《幼儿园令施行规则》

明治时代以来，幼儿园很长时间被作为小学的附属物而存在，在 1926 年以前，没有关于幼儿园的单项法规。自 1876 年 11 月在东京女子师范学校内开设第一所近代幼儿园以来，幼儿园的数量不断增加，1897 年有 222 所，1912 年达 533 所，1925 年增加到了 957 所[②]。伴随幼儿园的发展，要求从制度上充实幼儿园的呼声不断高涨。在这种情况下，1925 年 12 月内阁总理大臣加藤高明向文政审议会提出了"制定

---

① ［日］尾形裕康著：《日本教育通史》，早稻田大学出版部，1967 年第 5 版，第 246 页。
② ［日］文部省：《学制九十年史》，大藏省印刷局，1964 年版，第 62 页。

幼儿园令"的咨询，翌年1月文政审议会向内阁总理大臣提出了审议结果。根据文政审议会的建议精神，文部省于1926年4月22日制定并公布了《幼儿园令》，同日还公布了《幼儿园令施行规则》。

根据《幼儿园令》及其施行规则的规定，幼儿园的目的是"保育幼儿，使其身心健康发展，涵养善良的性情，辅助家庭教育"；入园时期为3岁以上至入寻常小学以前，但特别情况下，根据文部大臣的规定，亦可接受不满3岁的幼儿入园；幼儿园的保育项目包括游戏、唱歌、观察、谈话和手工等；每所幼儿园容纳幼儿数为120名以下，但特殊情况下，可增至约200名，每位保姆保育幼儿数为约40名以下；保姆须是持有保姆许可证者。

《幼儿园令》及其施行规则的制定使幼儿园的发展走上了制度化的轨道，在日本的学前教育史上具有划时代的意义。它们的实施使此后昭和时代前期的幼儿园得到了显著发展。

4. 修改《中学校令》及其施行规则

根据临时教育会议的建议精神，文部省于1919年2月7日修改了《中学校令》，3月29日修改了《中学校令施行规则》。这次修改的要点是：①在中学校令第一条设立目的的规定（"向男子进行需要的高等普通教育"）中，增加了"应特别致力于培养国民道德"的规定；②扩大设置主体，即亦允许市町村学校组合设置中学校；③中学校可设置学制2年的预科，预科的入学资格为10岁以上、寻常小学第4学年结业者；④取消中学校的入学年龄（12岁以上）限制，规定其入学资格为寻常小学5年结业、学业优秀、身体健康、校长证明有能力学习中学课程的，并且是经考试合格的；⑤在教学内容的改革上，强调在所有教学科目中注意培养国民道德，物理化学应注重实验，将职业科目中的手工改为工业。

在大正时代，中学校教育获得了很大发展。自1917年至1926年，学校数由 329 所增加到了 518 所，学生数由 147 467 名增加到了 316 759 名①。

5. 修改《高等女学校令》及其施行规则

根据临时教育会议关于改善女子教育的建议精神，文部省于 1920 年 7 月 6 日修改了《高等女学校令》，不久后的 21 日又修改了《高等女学校令施行规则》。这次改革的要点是：①在高等女学校令的设立目的条项（"向女子进行需要的高等普通教育"）中，附加了"应特别致力于培养国民道德，注意涵养妇德"的规定；②扩大设置主体，即亦允许市町村学校组合设立高等女学校；③改变原来原则上修业 4 年的制度，规定修业年限一般为 5 年，但根据各地情况也可实行 4 年制或 3 年制；④设置学制 2－3 年的高等科，高等科向一般高等女学校的毕业生实施专科教育或程度精深的高等普通教育；⑤在教育内容上，强调在所有教学科目中注意培养国民道德和涵养妇德，按照 5 年学制调整了教育课程，除"随意科目"以外，增加了选修科目（教育、法制经济、手艺或实业等），增加理科和数学的周授课时数，略减修身的周授课时数；⑥在实科高等女学校，增加家务和理科的周授课时数，减少裁缝的周授课时数。

通过改革，高等女学校在大正时代后半期获得了显著发展。制度改革前的 1919 年度，学校数为 462 所，学生数为 131 711 名。制度改革后的 1921 年度，学校数增加到了 580 所，学生数增加到了 176 808 名②。

6. 中等职业教育的改革与发展

（1）修改《实业学校令》及其规程

临时教育会议在 1918 年 10 月提出的关于改善实业教育的咨询报告中，表明了在现行实业学校的体制之下，进一步振兴实业教育的方针。

---

① ［日］文部省：《学制百年史》（记述编），帝国地方行政学会，1972 年版，第 480－481 页。
② ［日］尾形裕康著：《日本教育通史》，早稻田大学出版部，1967 年第 5 版，第 248 页。

依据这一精神，文部省于 1920 年 12 月 16 日公布了新修改的《实业学校令》。这次修改的要点是：①在第一条设立目的中，附加了"努力涵养德性"的规定；②在设立主体上，允许商工会议所、农会及其他公共团体设立实业学校；③实业学校的种类包括工业学校、农业学校、商业学校、水产学校（它是从农业学校中新独立出来的）和其他实施实业教育的学校（"职业学校"），取消蚕业学校、山林学校和徒弟学校；④允许在道府县设立独立的实业补习学校（这类学校原来是附设于道府县立实业学校的）。

伴随《实业学校令》的重大修改，文部省分别修改了《工业学校规程》（1921 年 1 月 12 日）、《农业学校规程》（同年 1 月 15 日）和《商业学校规程》（同年 3 月 18 日）。修改的共同点是整顿并充实各类实业学校，改善教学科目，注意陶冶人格，防止教学科目多歧，谋求教学更加彻底。而且于 1921 年 1 月 12 日废除了《徒弟学校规程》，翌日制定了《职业学校规程》。根据《职业学校规程》的规定，职业学校是"实施其他实业教育的学校"，其入学资格为寻常小学毕业者，修业年限为 2 年以上 4 年以下，学科可设置裁缝、手艺、烹饪、照相、簿记、通信等。

通过改革，实业学校教育得到了显著发展。制度改革前的 1917 年，各类实业学校有 587 所，学生数为 106 791 名。制度改革之初的 1921 年，学校数达 687 所，学生数达 149 970 名。到 1925 年，学校数增加到了 797 所，学生数增加到了 212 867 名[①]。

（2）实业补习学校的改革和发展

对于实业补习教育，临时教育会议提出了改善其内容，谋求其普及和发展的方针。1920 年 12 月 16 日修改的《实业学校令》规定，扩大实业补习学校的设置主体，实业补习学校教职员的名称和待遇以中

---

① ［日］文部省：《学制百年史》（记述编），帝国地方行政学会，1972 年版，第 507 页。

等学校为标准。根据这项法令，文部省于同年 12 月 17 日对《实业补习学校规程》作了重大修改。这次修改的要点是：①关于其目的，规定"实业补习学校向结束小学学科的学习、从事职业的人教授有关职业的知识和技能，同时进行国民生活需要的教育"；②实业补习学校的教程分前后两期，前期修业年限 2 年，后期修业年限 2－3 年。该"规程"对前后两期的入学资格、教学科目、授课时数的标准等分别作了规定。

为了改善实业补习教育，文部省还采取了一些措施：①为了确保实业补习学校的专任教师，1920 年公布了《实业补习学校教员养成所令》，规定了该教员养成所的设置主体、入学资格、教学科目、教师资格及其待遇；②同年修改《实业教育经费国库补助法》，对增加有关专任教师的工资进行补助；③1921 年制定了《实业补习教育主事规程》；④1922 年制定了《实业补习学校标准学科课程》；⑤1924 年公布了《实业补习学校公民科教学纲要及其教学要旨》。

通过上述改革，实业补习学校不断充实和发展。1915 年，各类实业补习学校共有 8 908 所，其中工业补习学校 168 所、农业补习学校 6 528 所，水产补习学校 142 所，商业补习学校 221 所，商船补习学校 1 所，其他补习学校 1 848 所。同年，学生数为 498 178 名。到 1925 年，学校数增加到了 15 316 所（其中工业补习学校 101 所，农业补习学校 12 053 所，水产补习学校 206 所，商业补习学校 455 所，商船补习学校 2 所，其他补习学校 2499 所），学生数增加到了 1 051 437 名[①]。

7. 制定《盲学校及聋哑学校令》及其规程

自 1878 年 5 月日本第一所近代盲哑学校——京都盲哑院创设以来，盲哑学校逐步建立起来，1898 年有 7 所，1908 年有 40 所，1915 年以后发展到了 70 多所[②]。这些盲哑学校绝大多数是私立的，规模较小，社会地位偏低，资金短缺，在实际运营过程中存在许多问题。这迫切需要有

---

① ［日］文部省：《学制百年史》（记述编），帝国地方行政学会，1972 年版，第 512 页。

② ［日］文部省：《学制九十年史》，大藏省印刷局，1964 年版，第 58 页。

一部独立的法规对其作出专门的规定。以 1906 年 10 月全国聋哑教育大会召开为契机，在盲聋教育界掀起了一场要求充实盲聋教育、制定有关法规等的运动。在这种情况下，文部省于 1923 年 8 月 28 日以敕令形式公布了《盲学校及聋哑学校令》，次日以省令形式制定并公布了《公立私立盲学校及聋哑学校规程》。它们均从 1924 年 4 月开始实行。

根据《盲学校及聋哑学校令》的规定，盲学校和聋哑学校分别向聋童和聋哑儿童实施普通教育，教授其生活上需要的特殊知识和技能，同时特别致力于涵养国民道德；道府县负有设立盲学校和聋哑学校的义务，公立的由道府县负担经费，这明确了它们的设立主体为道府县，同时也允许市町村和私人设立，它们的设立和关闭须经文部大臣认可；盲学校和聋哑学校设初等部和中等部，这两部可单设，它们还可设置预科、研究科和别科；公立盲学校和聋哑学校的初等部及其预科不得征收学费和入学费。《公立私立盲学校及聋哑学校规程》对盲学校和聋哑学校的修业年限、入学资格、教学科目、周授课时数、教师资格等作了具体规定。

该法令及其规程的制定和实施，确立了盲学校和聋哑学校在整个学校教育体系中的地位，促进了它们向公共教育方向的转变，同时也促进了私立盲学校和聋哑学校的发展。法规制定前的 1922 年，官公私立盲哑学校共有 78 所，学生数为 4 639 名。而法规制定后的 1924 年，官公私立学校发展到了 109 所（其中盲学校 72 所，聋哑学校 37 所），学生数增加到了 5 367 名（其中盲学校 2 933 名，聋哑学校 2 434 名）[①]。

8. 师范教育的改革与发展

（1）师范学校的改革与发展

大正时代前半期，文部省对师范学校制度作了一些细微改革。如 1913 年 9 月 13 日修改《师范学校规程》中关于入学资格的条项，规定

---

① ［日］尾形裕康著：《日本教育通史》，早稻田大学出版部，1967 年第 5 版，第 257 页。

市町村立小学和府县立师范学校的训导在职期间因公去世时，其子弟报考师范学校可优先入学。1915 年 3 月 20 日又修改该规程中的学科课程和入学资格等条项，规定：本科第二部男生的修业年限由 1 年延长到 2 年；关于女生的入学资格，13 岁以上、高等小学第一学年结业或具有同等学力者可升入师范学校的预备科；14 岁以上、高等小学毕业或具有同等学力者可升入师范学校本科第一部。通过这些改革，扩大了师范学校本科及预备科的入学资格。

1924 年 12 月，内阁总理大臣就师范学校的改革向文政审议会提出了咨询。文政审议会基本同意并通过了咨询方案。为此，文部省于 1925 年 4 月 1 日修改《师范学校规程》，规定：①师范学校本科第一部的修业年限为 5 年，废除预备科；②师范学校本科第二部男生的修业年限为 1 年，取消过去可再延长 1 年的规定；③修改教学科目，即女生也必修法制经济，英语为男生必修科目；④在师范学校设置更高层次的专攻科。

从明治末期至大正 3 年（1914 年），师范学校一直稳步发展。但在 1915 至 1918 年间，受社会政治经济形势的影响，师范学校的学生出现了减少倾向。第一次世界大战结束以后，由于小学教师的待遇得到改善、师范学校设置专攻科等原因，师范学校得到了较大发展。这种变化可从下列数字中看出：1914 年，学校数为 90 所，学生数为 25 136 名；1918 年，学校数为 93 所，学生数为 23 705 名；1924 年，学校数为 99 所，学生数为 34 960 名；1925 年，学校数没有增加，而学生数增加到了 44 313 名[①]。

（2）高等师范学校和女子高等师范学校的改革与发展

高等师范教育只在大正初年作了一些细微改革，如 1915 年 2 月 23 日修改《高等师范学校规程》，规定学科分为文科和理科，作为特

---

① ［日］尾形裕康著：《日本教育通史》，早稻田大学出版部，1967 年第 5 版，第 254 页。

科，在东京高师设置了体育科，在广岛高师设置了教育科，本科以外的研究科、专修科和选科仍可设置。1914年3月3日修改《女子高等师范学校规程》，规定：学科分为文科、理科和家务科，修业年限4年，除本科以外的研究科、专修科和选科仍可设置。其结果，东京女子高师废除了文科和理科中第一部、第二部的区别，将原来的技艺科改为了家务科；奈良女子高师设置了文科、理科和家务科。

临时教育会议在1918年7月24日的咨询报告中，表明了高等师范学校改善的方针，但许多方针政策并未实施，1929年4月在东京高师和广岛高师设置文理科大学是按照它指出的建议精神进行的。1926年12月，文政审议会应内阁总理大臣的咨询，对包括高等师范学校在内的师范教育制度进行了审议，但由于内阁更迭等原因，它提出的方针政策许多未及实施，只有对高等师范学校专攻科毕业生授予学士称号一项自1930年3月实施了。

在大正时代，高等师范学校的发展幅度不大。4所高师（东京高师、广岛高师、东京女子高师、奈良女子高师）的学生数的变化如下：1916年为1 676名，1921年为2 176名，1926年为2 719名，1931年为2 749名[1]。

（3）临时教员养成所的改革与发展

分别设立于明治时代（1902年和1906年）的6所临时教员养成所，经过种种变迁，到大正3年（1914年），只剩下了1所（设在东京女子高等师范学校内的第六临时教员养成所）。不久，伴随中等教育的扩充，对中等学校教师的需求骤然扩大，以培养中等学校教师为主要目的的临时教员养成所又重新发展起来。1922年4月10日，文部省修改《临时教员养成所规程》，设立了4所临时教员养成所，它们是设在东京高等师范学校内的第一临时教员养成所、设在广岛高等师范学校

---

① ［日］文部省：《学制百年史》（记述编），帝国地方行政学会，1972年版，第503页。

内的第二临时教员养成所、设在奈良女子高等师范学校内的第三临时教员养成所和设在东京音乐学校内的第四临时教员养成所。1923 年 4 月 5 日，又设立了 6 所临时教员养成所，它们是设在大阪外国语学校内的第五临时教员养成所、设在京都帝国大学内的第七临时教员养成所、设在九州帝国大学内的第八临时教员养成所、设在东北帝国大学内的第九临时教员养成所、设在第四高等学校内的第十临时教员养成所和设在滨松高等工业学校内的第十一临时教员养成所。1926 年 4 月 1 日，又新设了第十二、第十三、第十四临时教员养成所（它们分别设在东京外国语学校、第五高等学校、小樽高等商业学校内）。昭和初年，即 1927 年 3 月和 1929 年 3 月，再次设立了第十五、第十六临时教员养成所（它们分别设在佐贺高等学校和北海道帝国大学内）。但是，自 1930 年，这些临时教员养成所被逐渐关闭，到 1933 年，又仅剩下了第六临时教员养成所 1 所。在这些养成所就读的学生，1921 年有 468 名，1926 年有 1 542 名，1928 年有 1996 名[①]。

（二）高等教育的扩充

1. 原敬内阁的高等教育机构扩充计划

根据临时教育会议关于改善男子高等普通教育和大学教育及专门教育等的建议精神，大正政府继修改《高等学校令》和制定《大学令》（1918 年 12 月 6 日）之后，提出了扩充高等教育机构的计划。也就是，1918 年 12 月 26 日，原敬内阁向第 41 届帝国议会提出了文部大臣中桥德五郎制定的《高等诸学校创设及扩张计划》，要求追加 4 450 多万日元的预算，在 1919 年度至 1924 年度的 6 年间，大力扩充高等教育机构。这些预算资金，除天皇的"御下赐金"1 000 万日元以外，其余靠政府发行公债筹措。在文部省为要求追加预算所作的说明中，指出了增设或扩建的学校数及其种类，即在这 6 年间，新设官立高等学校

---

① ［日］文部省：《学制百年史》（记述编），帝国地方行政学会，1972 年版，第 504 页。

10 所、高等工业学校 6 所、高等农业学校 4 所、高等商业学校 7 所、外国语学校 1 所、药学专门学校 1 所、帝国大学的 4 个学部，使 5 所医科大学和 1 所商科大学升格，扩大 2 所实业专门学校和帝国大学 6 个学部的招生规模。

这项计划是第二次世界大战以前在扩充国立高等教育机构上的一次最大规模的计划。根据这项计划，到 1924 年度，各类高等教育机构（大学、高等学校、专门学校）的学生数比 1918 年度将增加近 1 倍。

2.《大学令》的制定和大学的扩充

（1）制定《大学令》

根据临时教育会议的建议，文部省首先着手改革大学制度，其中的一个关键措施是于 1918 年 12 月 6 日制定并公布了《大学令》。《大学令》的内容主要包括如下几点：①大学"教授国家需要的学术理论及其应用，并研究其（学术的）蕴奥"，同时"应注意陶冶人格和涵养国家思想"。②在大学的构成上，改变过去的分科大学制，实行学部制。大学原则上应设数个学部，但亦允许设立只设一个学部的大学。大学的学部包括法学部、医学部、工学部、文学部、理学部、农学部、经济学部和商学部。在学部内设置研究科，在设有数个学部的大学设置由各研究科组成的研究生院。在特殊需要的情况下，大学可设置学制 2—3 年的预科，预科实施相当于高等学校高等科程度的"高等普通教育"。③除帝国大学等官立大学以外，允许设立公立大学和私立大学，它们的设立须经文部大臣认可。北海道和府县设立的为公立大学，财团法人设立的为私立大学。财团法人设立大学须具备必要的设备、资金和维持大学运营的基本财产。④大学学部的入学资格为：该大学预科结业；高等学校高等科毕业；根据文部大臣的规定，被认为具有高等学校高等科毕业同等以上的学历；⑤将帝国大学的各分科大学中的职员（教官）改称为大学的教官。⑥在大学的学部学习 3 年以上（医学科为 4 年以上）并经考试合格者，可授予其学士称号。

制定并公布《大学令》之后，文部省于 1919 年 2 月 7 日修改了《帝国大学令》，同年 3 月 29 日制定了《大学规程》。这样，从制度上基本完成了大学教育的改革。通过这次改革，构筑了第二次世界大战以前大学教育的形态。

（2）各类大学的扩充

①帝国大学　新修改的《帝国大学令》是专门适用于官立综合大学，即帝国大学的法令。根据这项法令，帝国大学将分科大学改编为学部，一大学内设置数个以上的学部，同时设置研究生院。在修改《帝国大学令》后，帝国大学数没有增加，但增加了学部，如 1919 年 4 月，东京帝国大学的经济学部从法学部中独立了出来；同年 5 月，京都帝国大学设置了经济学部。当时学部的设置情况是：东京帝大有 7 个学部，京都帝大有 5 个学部，九州帝大有 3 个学部，东北帝大和北海道帝大各有 2 个学部。

②官立单科大学　这是根据《大学令》的规定新设立的一种只设置 1 个学部的官立大学。1920 年 4 月 1 日，东京高等商业学校被改组、升格成为东京商科大学。东京商科大学是第一所官立单科大学。此后，有 5 所医科专门学校被升格为官立医科大学，它们是：1922 年 3 月 31 日设立的新泻医科大学和冈山医科大学，1923 年 3 月 31 日设立的千叶医科大学、金泽医科大学和长崎医科大学。

这样，到大正末年，官立大学除 5 所综合性的帝国大学以外，还新增加了 6 所单科大学。

③公立大学　1918 年的《大学令》第 5 条规定："公立大学是在特别需要的情况下，仅限于由北海道及府县设立的"大学。根据这项规定，在大正时代，先后有 4 所公立专门学校被改组、升格为公立大学，它们是大阪府立大阪医科大学、爱知县立爱知医科大学、京都府立医科大学和熊本县立医科大学。其中，大阪医科大学是第一所公立大学，于 1919 年 11 月 22 日由大阪府立高等医学校升格而成，1931 年成立大

阪帝国大学时，被改组为该帝大的医学部；爱知医科大学于 1920 年由爱知县立高等医学校升格而成，1939 年成立名古屋帝国大学时，被改组为该帝大的医学部；京都府立医科大学是 1921 年由京都府立高等医学校升格而成的；熊本县立医科大学是 1922 年由熊本县立高等医学校升格而成的，它于 1929 年 4 月被改组为官立大学。

④私立大学　《大学令》制定以前，私立大学是根据《专门学校令》设立的专科程度的学校。1918 年的《大学令》对财团法人设立大学的条件作出了规定，即设立大学必需的设备和资金、维持大学经营的基本财产。其基本财产包括现金、国债证券及其他文部大臣规定的有价证券。资金，每所大学要有 50 万日元，每增设 1 个学部再增加 10 万日元。根据这些规定，各私立学校在充实经费来源的基础上，纷纷要求升格。1920 年 2 月 5 日，根据《大学令》庆应义塾大学和早稻田大学被认可为私立大学。以此为开端，到大正时代结束的 1926 年，共有 22 所私立大学得到了升格认可。除庆应义塾大学和早稻田大学以外，其他 20 所经升格认可的私立大学是明治大学、法政大学、中央大学、日本大学、国学院大学、同志社大学、东京慈惠会医科大学、龙谷大学、大谷大学、专修大学、立教大学、立命馆大学、关西大学、东洋协会大学（拓殖大学）、立正大学、驹泽大学、东京农业大学、日本医科大学、高野山大学和大正大学。

3. 修改《高等学校令》和扩充高等学校

（1）修改《高等学校令》

根据临时教育会议关于改善高等学校的建议，文部省于 1918 年 12 月 6 日公布了新修改的《高等学校令》，同时废除了旧的高等学校令。

新高等学校令的内容主要包括如下几方面：①规定高等学校"以完成男子的高等普通教育为目的，应特别致力于充实国民道德"。这改变了高等学校作为大学预科的性质，明确了它是实施"高等普通教育"

的机构之一。②高等学校包括官立、公立和私立的三种。③高等学校开设高等科和寻常科，学制 7 年（高等科 3 年，寻常科 4 年），可单设高等科。在特殊需要的情况下，可设置预科。另外，还可为高等科毕业者设置修业年限 1 年的专攻科。高等科分为文科和理科，其入学资格是高等学校寻常科毕业、中学校第 4 学年结业，或者文部大臣规定的同等以上学历。寻常科的入学资格是高等学校预科结业、寻常小学毕业，或者按照文部大臣的规定，认为具有同等以上学历。专攻科毕业者可被授予得业士称号。④高等学校的招生规模，7 年制学校为 800 名以内（高等科 480 名以内，寻常科 320 名以内），单设高等科的高等学校为 600 名以内（不包括专攻科）。每班的学生数为 40 名以内。⑤高等学校的教师应当是持有文部大臣授予的高等学校教师许可证的教师。但根据文部大臣的规定，没有该许可证的亦可在此执教。

1919 年 3 月 29 日，文部省制定了《高等学校规程》、《高等学校教员规程》和《高等学校高等科入学资格考试规程》。

（2）高等学校的扩充

在 1918 年以前，官立高等学校仅有 8 所（第一至第八高等学校）。1919 年 4 月 1 日，文部省根据新公布的《高等学校令》设立了新泻高等学校、松本高等学校、山口高等学校和松山高等学校。以此为开端，到 1924 年，又在日本各地相继设立了 13 所官立高等学校。它们是1920 年设立的水户高等学校、山形高等学校、佐贺高等学校，1921 年设立的弘前高等学校、松江高等学校，1922 年设立的东京高等学校、大阪高等学校、浦和高等学校、福冈高等学校，1923 年设立的静冈高等学校、高知高等学校，1924 年设立的姬路高等学校、广岛高等学校。这样，大正时代的官立高等学校达到了 25 所。

除上述官立高等学校以外，大正时代还设有 2 所公立高等学校和 4 所私立高等学校。这 2 所公立高等学校是富山县立高等学校和大阪府立浪速高等学校。这 4 所私立高等学校是武藏高等学校、甲南高等学校、成蹊高等学校和成城高等学校。

4. 专门学校的扩充

在大正时代，专门学校制度没有作根本性的改革。临时教育会议提出了"现行制度大体上没有改变的必要"，即维持现行制度不变的方针。这一方针一直持续到了昭和时代前期，但应当指出的是，在昭和3年（1928）修改《专门学校令》时，在第一条中附加了"专科学校应注意陶冶人格和培养国体观念"的规定，另外还规定了文部大臣对公私立专科学校的监督权。

当时，专门学校的显著变化是数量上的扩大。这主要表现在官立实业专门学校方面，工业专门学校、农业专门学校和商业专门学校是主要的扩充对象。在官立工业专门学校方面，1915年以前仅有8所，根据原敬内阁的扩充计划，在1920至1924年间，新设了10所，再加上采取将私立改为官立等措施，到大正末年，官立工业专门学校增加到了20所。在官立农业专门学校方面，1918年以前仅有5所，根据原敬内阁的扩充计划，在1919至1924年间，新设了5所，因而到大正末年，官立农业专门学校增加到了10所。在官立商业专门学校方面，1918年以前仅有4所，根据原敬内阁的扩充计划，在1920至1924年间，增设了8所，从而使官立商业专门学校在大正末年增加到了12所。在大正时代，官立商船专门学校有2所。这样，大正末年的官立实业专门学校共有44所。除官立的以外，当时公立和私立实业专门学校分别有2所、4所。

经过扩充，实业专门学校获得了巨大发展。1915年，学校数为22所（官立的17所、公立的2所、私立的3所），学生数为7 678名（其中男生7 636名、女生42名）。到1925年，学校数增加到了50所（国立的44所、公立的2所、私立的4所），学生数增加到了18 828名（其中男生18 787名、女生41名）[1]。

---

① [日] 文部省:《学制九十年史》，大藏省印刷局，1964年版，第618—625页。

与此同时，普通专门学校也得到了一定的发展，其中私立专门学校的发展尤为突出。1915 年，专门学校数为 66 所（官立的 8 所、公立的 5 所、私立的 53 所），学生数为 30 988 名（官立学校中有 4 120 名，公立学校中有 1 918 名，私立学校中有 24 950 名）。到 1925 年，学校数增加到了 85 所（官立的 7 所、公立的 3 所、私立的 75 所），学生数增加到了 48 449 名（官立学校中有 3 737 名，公立学校中有 702 名，私立学校中有 44 010 名）[①]。

（三）社会教育体制的确立

1. 社会教育行政体制的确立

大正时代的社会教育政策是对明治末期的国民教化政策的进一步扩充和强化。大正政府逐步把社会教育也纳入了公共教育制度之中，使之成为继学校教育之后的"国民教育"的一环。

临时教育会议于 1918 年 12 月提出的《关于改善通俗教育的咨询报告》由 11 条组成，其内容主要包括两部分。第一部分是在第 1—4 条中提出了改善社会教育行政的措施，即在文部省内设置审议通俗教育事项的调查会；在中央和地方设置专职的社会教育"主任官"或"主任者"；促进社会教育指导人员的培养。第二部分是在后 7 条中，在"改善"、"改良"和"奖励"的名义下，加强对出版物、通俗图书馆、博物馆、通俗讲演会、电影、音乐、剧场及其他文艺场所、校外体育设施的管理。

以临时教育会议提出建议为契机，文部省开始加强社会教育行政。1919 年 6 月，文部省在普通学务局内新设了第四科，负责掌管通俗教育、图书馆、博物馆、青年团体等的事务，在该科中设有 5 名掌管"学艺、通俗教育和实业教育"的专任事务官。1921 年 6 月修改文部省官制时，将通俗教育的称谓改为了"社会教育"。1924 年 12 月，在修改文部省分科规程时，在普通学务局内设置了社会教育科，管辖图书馆、

---

① ［日］文部省：《学制九十年史》，大藏省印刷局，1964 年版，第 618—625 页。

博物馆、青少年团体、成人教育、特殊教育、民众娱乐、通俗图书认定等事务。到昭和初年，社会教育行政进一步被扩大。1929 年 7 月，文部省设置了社会教育局，下设青年教育科、成人教育科和庶务科。这样，中央的社会教育行政机构基本健全了。

与此同时，政府还逐步建立了地方的社会教育行政组织。1920 年，大正政府向各地方长官发出通知，要求在地方官厅的学务科内设置主管社会教育事务的官员，即社会教育主事。1925 年 12 月公布《地方社会教育职员制》，规定在道府县设置专任社会教育主事和专任社会教育主事补。昭和 4 年（1929 年）又在市町村设置了社会教育委员。这样，地方的社会教育行政机构基本健全了。

经过改革，基本确立了从中央到地方的三级社会教育行政机构，完善了社会教育行政体制。

2. 青少年教育

（1）青少年的社会教育机构

实业补习学校是以初等教育结束后直接就业的职业青少年为对象、以进行职业补习教育为主要目的的教育机构。它是根据《实业补习学校规程》（1893 年 11 月）而设立的，后来根据实业学校令被作为实业教育机构中的一部分，并与市町村的小学并设，因而逐步得到普及。

本来，实业补习学校是职业教育机构，但由于它在运作过程中与向职业青年实行补习教育的青年团具有密切联系，因而逐步产生了被纳入社会教育领域的倾向。1929 年 7 月新设社会教育局时，将原来实业学务局管辖的实业补习学校移归社会教育局主管，这使实业补习学校成为了社会教育机构。

青年训练所是以向职业青年实施预备军事教育为主要目的的机构。它的设立源于临时教育会议于 1917 年 12 月提出《关于振兴军事体操的建议》。后来，根据文政审议会的《关于实行青年训练的咨询报告》（1926 年 1 月），文部省于 1926 年 4 月 20 日公布了《青年训练所令》

和《青年训练所规程》。根据这些法规的规定，青年训练所"以锻炼青年的身心、提高作为国民的素质为目的"，教育对象是16岁至20岁的男性青年，教学和训练科目包括修身、公民科、军事训练、普通学科和职业学科，设置主体为市町村和私人。同年7月，青年训练所在日本各地被一齐开设，当年设有青年训练所15 580所，学生数为891 550名①。

由于实业补习学校和青年训练所的教育对象的年龄构成基本一致，二者的教育内容又接近趋向，而且青年训练所的学生约有半数同时就读于实业补习学校，在这种情况下，文部省根据文政审议会《关于新设青年学校的咨询报告》（1935年1月）的建议，于1935年4月1日公布了《青年学校令》，废除了这两类学校，将它们合并设立青年学校。

（2）加强对青少年团体的管理

从明治10年开始，日本各地出现了不同于前代的"若连中"、"若者组"等的青年团体——青年会、夜学会和青年团等。在这种情况下，内务省和文部省开始对本属民间团体的青年会等加强控制和管理。1905年12月27日，文部省以普通学务局局长的名义向地方长官发出了《关于地方青年团体的诱掖指导并奖励其设置的通知》。1915年9月15日，内务省和文部省联合发出了《关于青年团体的指导、奖励、发展的训令》。在该训令发出的同时，内务次官和文部次官共同向各地方长官发出通知，提出了《关于设置青年团体的标准》。此后，伴随青年团体的发展，内务省和文部省又接连发出有关训令，如1918年5月3日发出了《关于扶助青年团体健康发展之要项》的共同训令，1920年1月16日发出了《关于青年团体的内容整理、实质改善的训令》。在内务、文部两省的扶持指导下，青年团体不断发展。1916年11月3日，

---

① ［日］文部省：《学制百年史》，帝国地方行政学会，1972年版，第533页。

各青年团体在东京设立了中央机关——青年团中央部。1918 年 5 月 5 日至 7 日，青年团中央部在东京举行了第一次全国青年团联合大会。进而，1924 年 10 月 30 日，成立了大日本联合青年团。

相对于男子青年团，女子青年团也逐步发展起来，内务省和文部省同样对它们采取了"指导"和控制政策。1926 年 11 月 11 日，这两省发出了《关于作为女子修养机构的青年团的指导培育方针的训令》，同时还发出了《女子青年团设施要项》的通知。在这种指导下，1927 年 4 月 29 日，成立了大日本联合女子青年团，同年 10 月正式举行了成立仪式和第一次大会。

到 1928 年，男子青年团数有 15 295 个，团员数为 2 534 326 人；女子青年团数有 13 043 个，团员数为 1 514 459 人①。

在少年团体方面，1922 年 4 月 14 日成立了少年团日本联盟，此后还成立了少年红十字，1934 年 6 月成立了帝国少年团协会。

3. 成人教育

第一次世界大战后出现了一种新的社会教育形式——成人教育讲座，它是在文部省和内务省等的鼓励、指导下进行的。1919 年，文部省命令 15 所大学和高等专门学校等直辖学校举办以结束学校教育的男女成人为对象的公开讲演会和讲习会。1920 年，有 20 所文部省直辖学校举行了 28 次公开讲演会和讲习会。此后，这种讲演会、讲习会形式的社会教育逐步兴盛起来，1923 年以后，发展成为了更加有组织计划性的成人教育讲座。与此同时，各府县也在中等学校开设"公民讲座"和"社会讲座"。1926 年，文部省专门作出成人教育设施费预算，在 47 个道府县举办这种讲座。

关于以骨干工人为对象的社会教育，内务省主管下的协调会实施一定形式的"劳动者教育"，文部省则通过开设劳务者补导班和劳务者

---

① ［日］文部省：《学制百年史》，帝国地方行政学会，1972 年版，第 535 页。

讲座等来进行"劳务者教育"。1929 年文部省设置社会教育局以后，协调会实施的劳动者教育被纳入了文部省实施的劳务者教育之中。

一些团体组织在成人的社会教育中也起到了很大作用。以 1923 年 11 月发布《关于振作国民精神的诏书》为契机，各种教化团体出现了谋求协作、统一的倾向，1924 年 1 月成立了以山川健次郎为会长的教化团体联合会，到 1928 年进一步发展成为中央教化团体联合会，这样，从中央到地方形成了一个教化网络。在妇女团体方面，有文部省指导下的半官半民性质的生活改善同盟会和内务省等指导下的勤俭奖励中央委员会。

4. 其他形式的社会教育

随着明治时代末年社会教育的范围被扩大到幻灯和电影等方面，文部省逐步加强了对"民众娱乐"的管理。1913 年 7 月制定了《幻灯片及电影胶片认定规程》。1923 年 5 月，修改该规程，重新制定了《电影胶片幻灯片及唱机唱片认定规程》，以保证电影、幻灯、唱机等有益于社会教育。1925 年 5 月，又制定并实行了《电影胶片检阅规则》，规定未经审阅的电影不得公开放映。不仅如此，文部省还亲自制作教育影片，并于 1928 年 7 月制定了《文部省制作电影胶片颁布规程》和《文部省制作电影贷予规程》，对文部省制作的影片的颁发和贷予作了规定。此外，文部省还对电影院进行实地调查，举办有关电影制作和放映的协议会、放映会等。

关于对图书出版、阅读等的管理，文部省于 1913 年 7 月制定了《通俗图书认定规程》，1926 年 1 月制定了《图书认定规程》，1930 年 9 月又制定了《图书推荐规程》。根据这些法规，文部省对有益于社会教育的图书进行认定和推荐。

明治时代就有利用图书馆、博物馆和展览会进行的社会教育形式。在大正时代，展览会、博物馆和图书馆等经过种种改革，继续在社会教育上发挥作用。在绘画和美术工艺品的展览方面，日本美术协会

（1879 年创立）和美术审查委员会（1907 年设立）发挥了重大作用。1919 年 9 月，大正政府制定《帝国美术院规程》，撤销美术审查委员会，新设了帝国美术院。帝国美术院每年举行一次美术展览会（简称"帝展"）。

原来附设于东京高等师范学校的东京教育博物馆，于 1914 年 6 月被移归文部省普通学务局管辖。它附设有图书馆，广泛收藏、陈列国内外的教育用品和教育图书以及自然科学方面的参考品等，同时供人们阅览，另外还举行特别展览会和讲演会。1921 年 6 月，东京教育博物馆被改称为东京博物馆。

在大正时代，帝国图书馆的藏书数和阅览人员逐年增加，公私立图书馆的数量不断增加，到这里阅览图书的人员也有大量增加。

作为社会教育方面的民间组织，大正时代有财团法人社会教育会（1925 年 10 月成立）和财团法人社会教育协会（同年 11 月设立）。昭和初年又成立了博物馆协会（1928 年 3 月）和社团法人大日本图书馆协会（1930 年 11 月）。

第五节　第一次教育改革时期的教育思想

（一）明治时代的教育思想

1. 皇道主义的教育思想

1867 年 12 月 9 日，明治新政府发布了"王政复古"的大号令，宣布"诸事基于神武创业之始"，实行天皇亲政。这表明，明治初年的治政方针是复古主义的。基于"王政复古"的理念，政府于 1868 年 2 月 22 日命玉松操、平田铁胤和矢野玄道等三名信奉平田（笃胤）派复古神道的国学者调查关于建立学校的制度和规则。这三人经过约 1 个月的调查研究，提出了试图恢复上古时代的大学寮制度的《学舍制案》。《学舍制案》规定，学舍的学科以"本教学"为中心，其内容包括神典、皇籍、杂史、地志和经传等。这明显反映出学舍制度的复古主义精神。二是除讲授"本教学"外，还讲授"外蕃学"（汉土、俄国、英国、法国、荷兰、天竺和三韩诸学），即洋学，这说明学舍制还具有一定的时代特征，并不是完全复古。学舍制虽然没有实行，但制定该制度表明了政府意欲建立皇道主义大学制度的意图。

明治初年，在国（皇）学派和儒学派相互争夺教育主导权的形势下，政府根据玉松操等人的意见，于1868年9月在京都设立了皇学所和汉学所（原学习院、大学寮代）。9月16日制定的《皇汉学所规则》规定：①辨国体，正名分；②汉土西洋之学共为皇道之羽翼；③禁止虚文空论，着实修行文武，一致教谕可致；④皇学汉学互争是非，固我偏执，不可有之。① 也就是，皇汉两学所坚持以"皇道之学"为中心，把"汉土之学"（儒学等）和"西洋之学"（西洋的格物、穷理诸学）置于辅助皇道之学的地位，以达到"辨国体，正名分"的目的。这表明了在皇道中心主义之下，兼采汉学、洋学的思想。

面对京都复兴国学和儒学的形势，伴随首都自京都迁往东京（1869年3月），一部分洋学者，如福泽谕吉、西周、箕作麟祥等推动在东京开设洋式大学。于是，此前复兴的昌平学校（汉学校，1868年6月29日复兴）、开成学校（洋学校，同年10月12日复兴）、医学校（西洋医学校，同年6月26日复兴）和兵学校被合并、改组为大学校，昌平学校为大学本校，其他3所为分校。1869年6月，政府发出的通知规定了"大学校的规模（范）"，其中也表明了兼采和、汉、洋三学的方针。"通知"指出：道之体无处不在，无时不存，其大无外，其小无内；此乃天地自然之理，人人得见，其要为三纲五常，其事为政刑教化，其详为和汉西洋诸书所载，学校乃为讲究斯道、广布知识、成就才德、以奏天下国家之实用者也；盖神典国典之要，在于尊皇道、辨国体；此可谓皇国之目的、学者之先务；汉土孝悌彝伦之教、治国

---

① ［日］加藤仁平、工藤泰正、远藤泰助、加藤胜也编：《新日本教育史》，协同出版株式会社，1961年版，第142—143页。

平天下之道，西洋格物穷理、开化日新之学，亦皆为斯道之所在，学校宜选择讲究之；且兵学医学关系国家兴废、民众生死，政务中亦应尤为重视之，即使外国之物，亦应采其长处，以使我国拥有之；如此，方使破旧来之陋习、基于天地之公道、求知识于世界、大振皇基这一誓文之宗旨得以不悖。[①] 这一段文字虽然没有表明和、汉、洋三学的主次，但其表达上是以和学为先的。再从把以"依神典国典辨国体，兼而讲明汉籍，以致实学实用"[②] 为目的的昌平学校作为大学本校来看，分明是把国学作为了中心（昌平学校原为汉学校，但这时被改为主要讲授国学，兼而讲授汉学的学校）。"通知"中的"尊皇道，辨国体"显然是皇道主义思想。因此可以说，以往坚持的皇道中心主义仍然没有改变。但在大学校"宜选择讲究""西洋格物穷理、开化日新之学"的表述上，比以前有了进步。

2. 文明开化形势下的启蒙主义思想

由于复古主义思想不符合日本发展资本主义的需要，因而随着西洋思想的传播，在和、汉、洋三学的斗争中洋学派逐渐占上风，自1872 年以后，在文明开化的形势下，兴起了一场思想启蒙运动。源于欧洲的启蒙主义思想在江户幕府末期即多少传入了日本，到明治初期，其传播势头迅速扩大。一些启蒙思想家、明六社成员，如森有礼、福泽谕吉、中村正直、西村茂树、西周、津田真道、神田孝平和加藤弘之等人通过传播法国卢梭（J. J. Roussean）流派的天赋人权论、自由平等思想，孔德（A. Comte）的实证主义，英国边沁（J. Benthan）、穆勒（J. S. Mill）的自然主义、功利主义，达尔文（C. R. Darwin）、斯宾塞（H. Spencer）的进化论，德国的国家主义学说等欧美近代思想，掀起了一场自上而下的思想启蒙运动，以为日本推行"富国强

① ［日］加藤仁平、工藤泰正、远藤泰助、加藤胜也编：《新日本教育史》，协同出版株式会社，1961 年版，第 143—144 页。

② 同上，第 144 页。

兵"、"殖产兴业"提供思想给养，开化人们的心智。福泽谕吉著有《西洋事情》、《劝学篇》和《文明论概略》等书，中村正直著有《西国立志编》，并翻译了穆勒的《自由之理》（《自由论》），他们在传播英美思想方面的贡献尤为突出。中江兆民将卢梭的《社会契约论》（《民约论》）译为《民约译解》，他在介绍法国思想方面的贡献也尤为突出。

启蒙思想家的思想给制定日本近代教育史上的第一部法规《学制》以极大的影响。众所周知，《学制》是在参考法国、德国、荷兰、英国、美国和俄国等先进资本主义国家的教育制度的基础上制定而成的，太政官在发布《学制》的前一天公布的布告《关于奖励学事的被仰出书》（1872 年 8 月 2 日公布）表达了《学制》具有的划时代意义的指导理念：①功利主义、立身出世主义的教育观；②主张学问乃是生活实用之学的实学主义学问观；③教育上的四民平等精神；④教育费由个人负担的原则。

"被仰出书"所表达的上述理念与国学者主张的皇道主义截然不同，是受启蒙思想深刻影响的结果，福泽谕吉的思想对它的影响尤为显著。福泽谕吉在其名著《劝学篇》中曾指出："当今人类世界，有聪明的人也有愚钝的人，有贫困的人也有富裕的人，有贵人也有贱人，其差别犹似天壤。这是为何？……贤人与愚人之别由于学与不学。"这一思想与"被仰出书"中"学问乃立身之财本"的思想非常相近。《劝学篇》还指出，明治维新使"农工商三民的身份地位提高百倍，大有与士族并肩之势，现已开通三民之内的人被政府采用的道路"，以激励人们通过受教育达到"出世"目的。这与"被仰出书"中"四民平等"、教育机会均等的理念十分相似。《劝学篇》批判旧学问"只识难懂的字，读难以理解的古文，欣赏和歌和作诗等，是世上不实的文学"，号召"勤于学习与人们一般日用相近的实学"。这与"被仰出书"批判旧学问"趋于词章记诵之末，陷于空理虚谈之途"，主张学习近代科学的观点酷似。①

从表面上讲,《学制》的理念是英、美等功利主义、个人主义思想和法国的天赋人权、自由平等思想的反映,强调教育目的在于完成个人。其中看不出教育是为了国家的影子,而主张使国民受教育是为了有助于国民个人的实际生活,是使人人"立其身、治其产、昌其业、遂其生"("被仰出书")。但是从根本上讲,《学制》的最终目的是为了国家。比如,1872 年文部省向太政官提出的关于制定《学制》的说明曾指出:"国家的富强安康,要靠增进社会的文明和人的才艺。而文明之所以成为文明,要靠一般人民之文明,没有一般人民之文明,即使有一两个圣贤,又能文明几何?"② 也就是,为了使国家独立、富强,必须通过教育使每一个人成为具有独立精神的文明人。《学制》的理念强调从"个人"出发,最终实现国家完全独立、富强,是遵循了福泽谕吉的只有"一身独立"才能"一国独立"的逻辑。

3. 儒教主义思想的复活

1875 年明六社解散,标志着明治初年主要由开明的官僚知识分子发起的思想启蒙运动宣告结束。随即,以 1874 年 1 月副岛种臣、板垣退助等人联名向左院提出《设立民选议院建议书》为开端,日本又兴起了自由民权运动。自由民权运动给明治政府带来了巨大的政治危机。于是,在政府内部,天皇侍讲、儒学者元田永孚和开明派官僚伊藤博文等之间围绕德育问题展开了一场论战。这场论战为复活儒学乃至确立天皇制国家主义思想起到了重要作用。

《学制》的序文《关于奖励学事的被仰出书》摒除了皇道主义的教育理念,确立了个人主义、功利主义的教育观,这表明在复古的形势下盛行一时的国学和汉学被启蒙主义者打击下去。然而,在自由民权运动高涨的情况下,为了与以伊藤博文为首的藩阀专制统治相对抗,

---

① [日]堀松武一编:《日本教育史》,国土社,1985 年版,第 99—100 页。
② [日]田村荣一郎著:《国家主义与教育》,东洋馆出版社,1964 年版,第 66 页。

确立天皇亲政的意识形态，儒学以仁义忠孝教条的形式被元田永孚和西村茂树等人复活了。

儒学思想是进入明治 10 年代后复活的。明治 12 年（1879 年）8 月，元田永孚起草的《教学圣旨》（包括《教学大旨》和《小学条目二件》）颁布。[①] 元田在《教学大旨》中首先指出："教学之要，明仁义忠孝，究知识才艺，以尽人道。此乃祖训国典之大旨，上下一般之教义。"然后，批判当时的教育"将仁义忠孝置于后，惟竞效洋风"，使不少人"只崇尚知识才艺，追逐文明开化之末，品行败坏，伤风败俗"，指出"这并非我邦教学之本意"。进而，要求今后的教育要"基于祖宗之训典，专于阐明仁义忠孝，道德之学以孔子为主……"。可见，元田的思想是与欧化思想相对立的国粹主义思想，其主旨是通过恢复儒学，以天皇制意识统治人民的思想道德。

针对元田永孚的主张，伊藤博文委托井上毅起草《教育议》（同年9 月）[②]，提出了如下反驳意见：风俗紊乱是维新变革的副产物，其原因"并非仅是教育失策"，"故而，教育不过是矫正此弊端的间接药石"；颁布学制以来，时日尚浅，"通过修补不足之处，文明之化可望数年后奏效"，而"变更大政之前辙"，"保护旧时之陋习"，"并非宏远之大计"；"折衷古今，斟酌经典，建立统一之国教，并推行于世，必待有贤哲其人，而非政府所宜管制者也"。

相对于伊藤博文的《教育议》，元田永孚于 1879 年 9 月写了《教育议附议》[③]，对伊藤的观点进行批判。元田主张："阐明仁义忠孝"是矫正风俗紊乱的手段，欲阐明仁义忠孝，应"以四书五经为主"，再采用"有关伦理的"国学书籍，选取"品行性理完全的"洋学书籍；"国教

---

① ［日］宫原诚一、丸木政臣、伊崎晓生、藤冈贞彦编：《资料·日本现代教育史》（4 战前），三省堂，1974 年版，第 26—27 页。
② 同上，第 27—29 页。
③ 同上，第 29—30 页。

者，亦非新建"，只是"敬承祖训而阐明之"而已。

元田与伊藤的论争以伊藤的缄默而结束。此后，儒教主义思想开始复活，并贯彻到学校教育之中。1882 年 2 月，由元田永孚、高崎正风和西尾为忠等人编写的《幼学纲要》通过地方长官下发到全国的学校。《幼学纲要》列举了孝行、忠节、和顺、友爱、信义、勤学、立志、诚实、仁慈、礼让、俭素、忍耐、贞操、廉洁、敏智、刚勇、公平、度量、识断和勉职等 20 个道德条目。①

面对国粹主义者、保守派复活儒学的倾向，福泽谕吉于 1882 年写了《德育如何》和《德育余论》，严厉批判儒教主义的德育运动。于是，在学者、思想家等之间再次引起了一场德育论争。福泽在《德育如何》中认为，德育应根据自主独立的新精神来进行；在《德育余论》中指出，在公立学校难以进行完全的德育，德育应依据公议舆论，一般人民应根据佛教促进道德觉醒。对此，元田永孚于 1884 年发表《国教论》，主张以孔子之教为基础建立国教，把修身科确定为诸科之首。元田还于 1886 年记述明治天皇巡视东京帝大时的感想，写成《圣谕记》，慨叹大学教育以洋学（自然科学）为中心而没有"修身学科"，认为"后来之害，着实堪忧"。可见，福泽与元田的观点是相对立的。另外，西村茂树于 1887 年发表《日本道德论》，主张以儒教主义为根本，参考西欧的哲学，来构筑日本的道德体系。可见，西村的观点是一种折中主义的主张。同年，加藤弘之发表了《道德方法论》，杉浦重刚发表了《日本教育原论》，西村茂树又发表了《敕撰修身科教科书的建议》。加藤主张在公立中学校开设神道、佛教、儒学、基督教的各种修身科，学生可志愿接受不同教派的宗教教育，如此方是真正的修身教育；杉浦认为，以宗教为基础进行德育是困难的，应以理学的各原理来构筑德育的基础；而西村反对他们的观点，强调德育应统一在天

---

① ［日］山住正己：《教育的体系》（日本近代思想大系 6），岩波书店，1991 年版，第 164 页。

皇制思想之中，主张敕撰修身教科书。1888年，内藤耻叟发表《国体发挥》，宣扬"教化之本"在于"奉天祖之宝训"以"正人伦"的国体主义德育论。同年，西村正三郎发表《德育新论》，否定明治初期以来的主智主义教育，认为学生的德育应在校长创造的道德氛围中自然地熏化。1889年，山崎彦八发表《教育适用日本道德方案》，批判加藤弘之的宗教教育论，强调锻炼主义的道德。1890年，能势荣发表《德育镇定论》，认为"当今之世，倡导孔孟之教是迂阔的"。[①]

由上可见，各德育论的观点不尽相同。在论争中，儒教主义思想以较为开明的姿态开始复活，其中西村茂树的混合儒教主义比较典型。西村的《日本道德论》根据取长补短的逻辑，融合东方的儒教和西欧的哲学，构建了一个混合儒教主义的道德伦理思想体系。这种东西方伦理道德思想融合的思路对于后来制定《教育敕语》提供了方法论基础。

4. 国家主义教育思想的确立

明治初期，在主要吸收英法美等的个人主义、功利主义、自由主义和民主主义思想的形势下，国家主义思想是以隐含形式潜在于明治政府的领导人甚至启蒙思想家、民权活动家的意识之中的。进入明治20年代以后，随着德国的国家至上主义深刻影响日本，政府对自由民权运动采取强硬的镇压政策，日本政治和教育上的国家主义明确显现出来，森有礼推行国家主义的文教政策和《大日本帝国宪法》、《教育敕语》的颁布都是这方面的重要表现。

1885年日本开始实行内阁制，森有礼被任命为伊藤博文内阁的文部大臣，他推行的是国家主义的教育政策，力图通过颁布《学校令》确立一整套国家主义的教育体制。

森有礼的国家主义教育思想包括三方面内容：①教育要为国家富强服务，把"为了国家"作为教育的最高目的。他制定的《帝国大学

---

① ［日］加藤仁平、工藤泰正、远藤泰助、加藤胜也编：《新日本教育史》，协同出版株式会社，1961年版，第211—212页、第226—227页。

令》第一条明确规定，帝国大学的目的是"教授国家需要的学术技艺，攻究其蕴奥"。这说明帝国大学进行教育教学和研究都必须是为了国家。1889年1月28日，森有礼在文部省直辖学校校长会议上的演说《学政的目的》表明，不仅大学，整个学校教育都应该为了国家。他指出："政府设立文部省，使其负责学政，加之藉国库之资力维持诸学校，毕竟是为了国家。学政的目的，亦只归于为国家。……诸学校在学政上必须始终牢记，非为学生其人，而为国家"。① ②由国家进行国民教育，国家对教育进行统治和管理。由国家进行国民教育，就是"以国家办学为主"，"根据国家经济理论来办学"。② 关于国家对教育进行统治和管理，森有礼在上述演说中已表明，文部省负责学政，学政的目的只是为了国家。《帝国大学令》第六条规定"帝国大学总长承文部大臣之命总辖帝国大学"，表明了文部大臣对大学进行统治和管理的意志。③为了维护日本传统的国体（天皇制），应进行国体教育和忠君爱国思想的教育。森有礼在就任文部大臣后提出的关于教育的《阁议案》指出："天地无极"、"万世一王"的日本传统和"人民护国之精神、忠武恭顺之风"是"构成一国富强之基独一无二的资本"。③ 他还曾指出："应盛国风之教育。国风教育是彰明国体，辨明日本国民应保持的品位资质，自然生出忠爱慎重之念。"④ 根据国体主义的理念，森有礼在《师范学校令》第一条规定："注意使学生具备顺良、信爱、威重的气质。"这三点构成了森有礼的国家主义教育思想的整体。

1889年2月11日，日本近代史上唯一一部钦定宪法《大日本帝国宪法》公布。该宪法的制定和实施为推行天皇制国家主义政治、教育

① ［日］宫原诚一、丸木政臣、伊崎晓生、藤冈贞彦编：《资料·日本现代教育史》（4战前），三省堂，1974年版，第126页。
② ［日］堀松武一著：《日本近代教育史》，新荣堂，1963年版，第144页。
③ ［日］堀松武一编：《日本教育史》，国土社，1985年版，第130页。
④ ［日］海门山人：《森有礼》，第81页。引自梁忠义主编：《日本教育发展战略》，吉林教育出版社，1993年版，第58页。

路线提供了根本保证。

为了结束百家争鸣般的德育论争，确立道德教育乃至整个学校教育和国民教化的总方针，1890 年 10 月 30 日，明治天皇发布了由内阁总理大臣山县有朋、文部大臣芳川显正、法制局长官井上毅和枢密顾问官元田永孚共同制定的《教育敕语》。《教育敕语》的内容包括三部分：①把祖先的臣民对皇祖皇宗的"克忠克孝，亿兆一心，世世济厥美"规定为"国体之精华"，这说明日本的国体在于万世一系的天皇。确认"教育之渊源"在于"国体之精华"中，亦即期望教育发挥灌输忠君爱国思想的功能。②为广大臣民规定了应履行的道德条目。这些道德条目既包括儒教主义的私德，还包括立宪主义的公德，尤其强调"一旦危急，则义勇奉公，以扶翼天壤无穷之皇运"的国家主义、军国主义道德。③说明这些道德条目具有"通古今"、"施中外"而"不谬"、"不悖"的普遍意义，宣扬天皇是最高道德价值的化身。《教育敕语》的发布，标志着以天皇制为核心的国家主义教育思想经过 20 多年的曲折得以最终确立。自此至第二次世界大战结束，它在教育上起着最高纲领的作用。

（二）大正时代的教育思想

到了大正时代，特别是第一次世界大战期间及其结束后，随着欧美自由主义、社会主义思想的传播，日本迎来了短暂的大正德谟克拉西时期，普选运动、工农运动和社会主义运动迅速兴起。在这种情况下，政府一方面加强治安，另一方面压制进步思想，积极强化以"思想善导"为重点的国家主义臣民教育。1917 年 9 月成立的内阁总理大臣的教育咨询机构临时教育会议明确提出了当前的指导思想和方针。

临时教育会议的指导理念是天皇制家族主义国家观。1917 年 10 月 1 日，内阁总理大臣寺内正毅在临时教育会议第一次全体会议上的讲话表明了政府的教育方针，其中包含着浓厚的国家主义思想。寺内指出："国家隆昌与教育有至大关系，应适当整顿其设施，如此方可隆昌皇运，宣扬国威。我帝国奉戴万世一系的天皇，夙定君臣名分，以使国体之精华冠绝于万邦，此乃金瓯长久完好之缘故，教育敕语的宗旨实存于此。""欧洲的大战爆发以来……现在我帝国所遭受的战火惨毒不如与国大，然而关于战后之经营，前途仍益益多难。在此之际，应更加振兴教育，宣扬国体之精华，涵养坚实之志操，确立自强的方针政策，以翼赞、尊奉皇猷。"他还指出："虽然教育之道有多端，但国民教育之要在于涵养德性，启发知识，强健身体，以培养富有护国精神的忠良臣民。实科教育是国家致富的渊源，应与国民教育同样进行鼓励，避免空理，崇尚实用，以有助于帝国将来的实业经营。高等教育应专门攻究学理之蕴奥，谋求学术之进步，以培养对国家有用的人才为目的。"①

根据寺内的指示，临时教育会议在关于各级各类教育改革的咨询报告中，都表明了天皇制国家主义的方针。即：在小学教育上，"期望贯彻国民道德教育，巩固儿童的道德信念，特别是进一步致力于培养帝国臣民的根基"。② 在男子高（中）等普通教育上，"充分体会教育敕语的圣旨，特别是在巩固国体观念，涵养重廉耻尊节义的精神，陶冶刚健质实的国家中坚人物上，倾注主要力量"。③ 在大学教育上，"希望进一步用意于陶冶人格和涵养国家思想"。④ 在师范教育上，"陶冶学生作为教育者的人格，巩固其信念，特别进一步致力于涵养忠君爱国的志操"。⑤ 在女子教育上，"充分体会教育敕语的圣旨，特别在如下方面倾注主要力量：巩固国体观念，涵养重视淑德节操的精神，更加励行体育，振作崇尚勤劳的风气，戒虚荣，慎奢侈，教授适应我国家族制度的素养"。⑥

此外，临时教育会议在 1919 年 1 月 17 日提出的《关于一般设施应完成教育之效果的建议》中也表明了天皇制国家主义的方针。"建议"

---

①②③④⑤⑥ ［日］宫原诚一、丸木政臣、伊崎晓生、藤冈贞彦编：《资料·日本现代教育史》（4 战前），三省堂，1974 年版，第 196、198、199 页。

首先明确指出："教育之事乃国家经纶之大本，振兴皇道、隆昌国运一俟其力"，只有"遵守神圣建极之遗训和祖宗恢弘之皇谟"，才能实现教育的振兴。然后批判明治维新后，"因偏重物质之弊"而导致出现"国民思想失却整饬，淳美之风、敦厚之俗逐渐颓败"的势态。还批判最近自由主义和社会主义思想的传播使日本的思想界发生了"变调"。进而指出，为了"拯救时弊"，须使"国民思想归向为一"，为此，应"以建国以后扶植培养起来的本国固有文化为基础"，发扬光大固有文化。具体措施包括：① "明确国体之本义，使之显彰中外"；② "维持我国固有的淳风美俗，修改法律制度中与之不符的地方"；③ "采取各国文化之长，但不得单纯地模仿，应振兴独创精神"；④ "基于建国精神，依照正义皇道，处世界之大势"；⑤ "谋求社会的协调，使一般国民的生活得以安定"。①

---

① ［日］宫原诚一、丸木政臣、伊崎晓生、藤冈贞彦编：《资料·日本现代教育史》（4 战前），三省堂，1974 年版，第 200 页、201 页、204 页。

第三章 日本第二次教育改革

第一节 战后教育改革

（一）教育理念的转变——由《教育敕语》到《教育基本法》

1.《教育敕语》的处理

1890 年颁布的《教育敕语》在战前被看做是日本教育的最高价值源泉，支配着战前日本的公共教育，并形成了以《教育敕语》为最高理念和规范的教育敕语体制。这一敕语在战后并没有随着日本战败而立即从日本教育的历史舞台中退出。从战败至 1948 年 6 月彻底废除《教育敕语》为止共历时 2 年 10 个月，可见处理《教育敕语》经历了一个复杂的过程。由于《教育敕语》的存废问题涉及教育的根本理念，因此，《教育敕语》的处理问题实际上也是战后日本教育改革的最大问题。

战争刚结束时，文部省在未对战争责任进行任何认真反省的情况下，就展开了维持国体、拥护《教育敕语》的教育政策。

日本文部省要求维护国体、拥护《教育敕语》的思想倾向在 1946 年元旦天皇发表所谓《人格宣言》之后仍然未变。日本文部省尊重拥护《教育敕语》的方针进而又由当时的学校教育局长田中耕太郎通过与自然法思想建立联系，在理论上被正当化、合理化了。田中于 1946 年 1 月发表了《国民道德的颓废及其重建》一文，其中对由以"国体明证"运动为代表的错误的国家主义所导致的国民道德的颓废表示叹息，强调"国民道德的重建必须依据自然法的原理来进行。在这个意义上，《教育敕语》今后应当继续保持其道德权威"。[①] 田中进而又于 2 月 21

---

① ［日］新堀通也编：《道德教育》，第 86 页。

日的地方教学课长会议上指出："《教育敕语》与我国的淳风美俗、世界人类道义的核心相吻合……应该承认它是自然法。""在德目的列举和宗教意识的宗教化方面，敕语并不一定是周到的，然而不周到绝不表示它是谬误的"，① 并且还指出天皇的《人格宣言》并不是要否定《教育敕语》，应该看做是部分地体现了《教育敕语》的精神。②

日本文部省的这种《教育敕语》拥护论遭到了日本社会各界人士的责难与批判，如《读卖新闻》（1946 年 2 月 24 日）以"阻挠教育重建的货色"为题发表社论，指出《教育敕语》"不应单单被看做是自然法，而是封建的儒教立场，应从民主主义立场出发予以历史的审判"，③表明了要求废除《教育敕语》的立场。在上述这两种"拥护论"和"废除论"的尖锐对立中，日本教育家委员会提出了一种折中方案，即指出"从来的《教育敕语》作为明示天地之公道的宣言绝对没有错，但是随着时势的推移，也存在着不适合作为国民今后精神生活指针的地方"，所以建议废除旧《教育敕语》，制定和颁布明示国民教育新方针及国民精神生活新方向的诏书④。

日本舆论界对奏请颁发新敕语的动向极为敏感，迅速予以回击。许多报纸发表社论批驳"教育敕语颁发说"，指出"国民道德的基准乃至文教的指导原理""应以人民的名义，采用宣言的形式决议，而不应采用敕语的形式"。⑤

2.《教育基本法》的制定与《教育敕语》的废除

制定《教育基本法》是随着"教育敕语拥护论"、"新教育敕语颁发论"遭遇挫折逐渐衰退而呈现出的一种替代性设想。伴随新宪法的制定，国民主权原则的确立，由议会制定教育根本大法已是时代的潮

---

① ［日］大田尧编著：《战后日本教育史》，第 99 页。
② ［日］稲富荣次郎著：《明治以来教育目的的变迁》，同文书院，1968 年版，第 89—90 页。
③ ［日］大田尧编著：《战后日本教育史》，第 99—100 页。
④⑤ ［日］大田尧编著：《战后日本教育史》，第 100—101 页。

流、大势所趋。而且自战败开始，知识界、教育界中要求由议会制定教育根本法的呼声亦日趋高涨。

提出制定"教育根本法"设想并予以推进的人正是《教育敕语》拥护论者田中耕太郎。田中产生制定"教育根本法"设想是在占领军对《教育敕语》的批判之前，在田中的设想中，这一根本法是一种明示教育新方向之根本的东西，而且与《教育敕语》是不相矛盾的。具体地说，他是在就任文部大臣后所遇到的帝国议会对新宪法中有关教育条款进行审议的过程中开始其制定"教育根本法"设想的。在审议过程中，田中虽然仍高唱《教育敕语》拥护调，但在关于"对新教育的根本进行规定的东西，必须由国会来对其实质加以确定"这点上，回答道："这也是政府所认识到的。"表明了文部省将采用法律观点而不是敕语来决定教育的重大事项。田中的设想在 6 月 27 日众议院上回答森户辰男议员（后来的文部大臣）的质询时首次公布。

此后《教育基本法》的制定工作是在田中文相的领导下和田中二郎参事（东京大学行政法教授）的具体指导下，由文部省大臣官房审议室（后来改为调查局审议课）进行。在同年 9 月 14 日提出的《教育法纲要案》（系最初的教育基本法草案）中，就包含了"教育以探究真理和完善人格为目的"、九年义务教育、学校的公共性、教育行政的完善条件任务等内容。

1946 年 8 月 10 日设置，9 月 7 日正式开展活动的教育刷新委员会下设了一个审议教育之"根本理念"的第一特别委员会，主任为原龙谷大学校长羽溪了谛，委员由天野贞祐、务台理作等组成，教育基本法就是在这里进行审议的。第一特别委员会是以田中耕太郎主持下的文部省"教育基本法纲要案"（9 月 21 日案）为基础开始审议的，并于 11 月 29 日提出"教育基本法纲要案"。审议是在决定禁止在学校奉读《教育敕语》、中止奏请新教育敕语之后，以前言、第一条、第二条的基本理念为中心来讨论基本法框架的。讨论的特征是，基本理念是在进步派对保守派的论争中形成的。保守派（羽溪、天野等）主张"奉公"、"忠孝"，反对"个人的完善"，而进步派（森户、务台等）则主张"和平"、"个人的尊严"、"勤劳"，最终以进步派胜利而告终。

以这一特别委员会的审议为根据，教育刷新委员会于 12 月 27 日的第一次建议中，提出制定教育基本法的建议。此后又经过文部省的立案作业、教育刷新委员会的法案审议、内阁讨论、枢密院的通过等程序之后，提交第 92 届帝国议会审议，于 1947 年 3 月 31 日随同《学校教育法》一道公布施行。

CIE 从 1946 年 10 月份前后就对制定教育基本法表示了强烈的关注，并通过高等联络会议对文部省制定的法案提出修改意见，修改的要点为：①对尊重女子教育条项，明确加上了男女同校的内容（第 5 条）；②对于教育的自主性，明确加上了教育对于国民的责任（第 10 条）；③设立补充条款，以明确其在教育法制中作为基本法的地位（第 11 条）。可见，制定《教育基本法》的背后有着希望制定"教育宪章"的 CIE 的支持。

1948 年 6 月 19 日众议院作出了"关于排除教育敕语等的决议"，参议院作出了"关于确认教育敕语等失效的决议"，《教育敕语》被正式废除，文部省于同月 25 日发出"关于教育敕语等的处理"通知，要求贯彻众参两院上述决议的宗旨，并收回《教育敕语》誊写本。

有一点需要指出的是，废除《教育敕语》的决议是在《教育基本法》颁布施行一年后才根据占领军管辖国会的总司令部民政局的指示作出的。当时任参议院文教委员长的田中耕太郎对这一指示予以激烈的抵抗，因此参议院最终也并没有像众议院那样原封不动地作出"排除"的决议，而只是作出"确认失效"的决定。

尽管就这一国会决议是否妥当，是否有效问题，在日本有着不同的看法，但有一点可以肯定的是，这一决议对以后的影响很大，即它使人们形成这样的理解：《教育基本法》是在否定《教育敕语》的基础上制定的。而事实则与此相反，即《教育基本法》是在与《教育敕语》

丝毫不相矛盾（无论是在形式上还是在内容上）的前提下制定的。

3.《教育基本法》的内容及其意义

《教育基本法》由前言和11条组成，它以简明的语言阐明了对日本教育进行根本刷新改革的重要理念和原则。

（1）和平与民主主义的教育

《教育基本法》遵照新宪法的宗旨，首先明确了作为实现新宪法理想的主要手段的教育的根本理想：和平与民主（即教育要以"培养注重个人尊严，追求真理与和平的人"为目标），并且确定了和平民主主义国家的教育应具有以"人格的完善"为核心的目的（前言、第1条）。

如果从哲学上来思考教育的话，教育可被看做是使人作为实现价值的主体而文化化、社会化的过程，此时，将价值作为普遍价值而重视实现这一普遍价值的人的立场就是人格教育学的立场，最重视文化化的就是文化教育学的立场，而最重视社会化的立场就是社会教育学的立场，那么以"人格的完善"为教育目的之核心的《教育基本法》的立场就是人格教育学的立场。

此外，在教育目的上还可分成以下三种立场来考虑，即教育目的应该是具有普遍意义的普遍主义立场、教育目的应根据历史条件不同而不同的历史主义立场和教育目的应为了人的生存，根据有何用途而制定的实用主义立场。如此《教育基本法》的立场则可划归普遍主义的立场。①

这种人格主义、普遍主义的立场正是以战后日本理想主义的两个价值根源——和平与民主为其思想背景的。

（2）作为国民权利的教育

《教育基本法》以宪法所体现的作为人权的教育观为基本前提，进一步在制度上及办学原则上加以具体化，以保证这一作为权利的教育

---

① ［日］明星大学战后教育史研究中心编：《战后教育改革通史》，第114页。

能得以实现。《教育基本法》所说的教育并不只限于学校教育，国民无论在任何场合、任何时间内"均有学习的权利（第2条）"；在终生学习领域，行政应以国民的社会教育自由为基本，立足于设施主义，奖励而不要控制社会教育（第7条）；此外还有机会均等（第3条）、义务教育九年制（第4条）和男女同校（第5条）等学制改革原则的规定。这些均是作为人权的教育观在制度上具体化的体现。

（3）学校的公共性与教师地位的保障

《教育基本法》规定国立、公立、私立学校均属于国民，具有公共性，教师是为全体国民服务而不是为少数人服务。为此，必须确立对教师的身份地位和待遇的保障，尊重其教育权（第6条）。基于学校的公共性和国民的信教自由，《教育基本法》强调学校的政治中立性（第8条）和禁止国立公立学校开展宗教教育和活动（第9条）。

（4）教育行政的任务与界限

《教育基本法》第10条（教育行政）可以说是其核心。其中规定，教育行政要立足于"教育应对全体国民直接负责"的自觉来行使其权利和责任，以实现教育目的而建立健全各项必要的条件为目标（第10条）。

（5）教育立法的法律主义

《教育基本法》在否定教育立法的敕令主义惯例、重视由国民代表组成的国会立法这一民主程序的同时，确认了《教育基本法》的法律地位（第11条）。

《教育基本法》在首次以国民的名义宣告了民主主义的理念和目的，并宣告教育是国民自主的这一点上，具有划时代的意义。而且正如其前言中所强调的与宪法的联系那样，这一法律是将《日本国宪法》中所内在的教育理念进一步具体地加以明示的文件，占据着"宪法附属法"（田中二郎语）的地位；进而它还是教育法中根本的、基础性的法律，它在展示导出其他教育法令之端绪的同时，还是规定了教育法令之根本原则、统领教育法令的法律，具有教育宪法的地位。因此，战后日本的教育法制亦被称作"教育基本法制"。

（二）学校制度改革——六·三·三·四制的建立

1. 学校制度改革的设想

战前日本的学校体系除国民学校初等科（相当于现在的小学）是单一的结构，实施六年普及义务教育之外，从整体来看，实行的是名为双轨、实为多轨的制度。这种学校制度既不符合广大人民群众的要求，也不符合时代的潮流。所以，早在战前要求改革学校制度的呼声就很高。在战后整个社会民主化改革的大潮中，重组学校制度，建立具有民主性的单轨制，就成了学制改革的中心课题。

旨在实现建立具有民主性的单轨制的新学制设想是在《美国教育使节团报告书》、《日本教育家委员会报告书》、教育刷新委员会提案及《学校教育法》等逐渐明朗化起来的。《美国教育使节团报告书》在"初等及中等学校行政"一章中就初等中等教育学制进行了积极的提案，即：将小学修业年限由原来的 8 年改为 6 年；将以往复杂的中等教育阶段的各种学校制度改为 3 年的初级中学一种；小学、初中实行义务制、男女同校制和免费制，系面向所有人的平等的学校；在初级中学之后设立 3 年的高级中学，向所有初中毕业希望升学者提供学习机会；高中也不收费，最终达到实行男女同校制。[①] 这样就把以往的小学高等科、中学校、高等女学校、实业学校、青年学校统合到一个单一的学校体系中，达到建立民主主义的学校教育制度的目的。关于高等教育，使节团报告书第六章中就扩充大学作了较详细的阐述，对于学校体系最高阶段大学的修业年限只是提出师范教育应为 4 年，而并没有明确的阐述，尽管可以据此类推使节团有以四年制大学为本体来改造高等教育的计划。

不过，综合使节团报告中提出的学制改革设想，应该可以看出，

---

① ［日］奥田真丈监修，生江义男等编：《教科教育百年史》（资料编），建帛社 1985 年版，第 343-376 页。以下凡《美国教育使节团报告书》的内容均引自此资料。

战后日本新学制的设想的基本框架已成形。由于战后日本教育改革从总体上是以这份报告书为蓝图的，所以有人就此作出如下判断：单轨制的六·三·三·四学制是由美国教育使节团报告首次引进日本并由美国强加给日本的。如剑术亨弘在《证言：战后文教政策》（第一法规，1987 年版）中所做的如下说明可以说是今日日本"强制论"的根据之一。他说："我认为使节团来日作为美国的占领政策，实际上是一个巧妙的阴谋。他们设计了一个计划，即教育事务由教育专家组成的使节团而不是由军人来解决，并安排一个日本教育家委员会以协助其提出报告，这样就会使日本方面自愿地接受。因此，要是我可以这么说的话，那么六·三制的建议是在使节团到来之前就已决定了。使节团的任务就是对其进行伪装。占领军如果强制日本方面接受六·三·三·四制的话，又与美国民主主义不协调。于是就采用了召集教育使节团这一群教育学者与日本方面讨论的形式来进行。尽管这是我个人的判断，但我想是没错的"。① 另外日本前首相田中角荣的以下一段话也是日本统治层经常引用的。他说："战后教育改革，尤其是六·三·三·四制是将只在美国一个州试行过的成熟的制度强加给日本的。"②

然而，种种事实和当事人的证言证明上述观点是站不住脚的。

第一，六·三制构思在战前昭和初期的学制改革讨论中就被介绍到日本来了，并非由美国教育使节团报告书首次引进日本。事实上就在使节团到来之前，日本学者海后宗臣就在东京召开的一次教育讲演会上发表了有关学校制度改革的讲演，并且把明治以来的日本教育史中中等学校的解放要归结到实行六·三制学校制度。③

第二，在使节团到来之前，占领军方面并无有关学制改革的具体

---

① ［日］木田宏编：《证言：战后的文教政策》，第一法规，1987 年版，第 20 页。

② ［日］山住正己、堀尾辉久著：《教育理念》（《战后日本教育改革》第 2 卷），东京大学出版会，1976 年版，第 123 页。

③ ［日］明星大学战后教育史研究中心编：《战后教育改革通史》，第 126－128、125－126 页。

设想，这一点已由使节团到来之时被任命为使节团事务局事务部长、照顾使节团的内藤誉之郎所证明。①

第三，美国教育使节团讨论学制等问题的第三委员会（即初等及中等学校教育行政委员会，斯托达德为委员长）在其 3 月 23 日提交的报告书中不仅未提出六·三·三制学制建议，而且还建议将文部省刚刚恢复起来的战前的六·五制学校制度作为战后的学校制度。而《美国教育使节团报告书》最终由六·五制建议改为六·三·三制建议是由日本教育家委员会委员长南原繁建议所致。在 3 月 21 日与斯托达德的秘密会谈中，南原繁自由地阐述了自己有关教育的意见，并就日本学制重建问题作出了如下建议：①改组高等学校（大学预科）、初级学院制度；②整体方案以美国的计划为模范，小学、中等学校、专门学校、大学单轨化，以便可以扩充所有阶段的均等机会，等等。②

第四，战后日本高等教育改革从总体上来说并非是基于使节团报告书进行的，相反是由日本方面明示高等教育制度重组方向的。南原繁、高木八尺在与 CIE 奥尔的会谈中，就高等教育提出了废除成为学阀原因的旧制高等学校、废除大学与专门学校之间的差距以与大学以前阶段的单轨制相联，废除师范学校，在所有大学设研究生院研究机关等建议。③ 日本教育家委员会在其报告书第二编第三项"关于学校体系的意见"中阐述了大学改革的设想：即在三年制高中之上设四年或五年制的大学。考虑到 CIE 和使节团报告书均把重点放在初中等教育改革上，日本方面的大学四年制改革方案就具有重要的意义。而大学改革四年制一元化是在制定《学校教育法》过程中实现的。

第五，关于说六·三·三·四制是把美国不成熟的制度拿到日本进行试验这一观点，正如海后宗臣所批驳的那样，六·三制在本世纪的美

① ［日］明星大学战后教育史研究中心编：《战后教育改革通史》，第 126—128、125—126 页。
② ［日］明星大学战后教育史研究中心编：《战后教育改革通史》，第 134—135 页。
③ ［日］明星大学战后教育史研究中心编：《战后教育改革通史》，第 134—135 页。

国就被作为问题提出，并在 1920 年之前就在很多地方进行了六·三·三·四制学制改革，因此，六·三制在美国教育界至少有 30 多年的实行历史了，并且取得了相当的实绩，并非是一个新的学制改革计划。①

总之，在六·三·三·四制学校制度改革方面，尽管是在占领军的指导之下，但其构想有着日本方面的积极参与，战后日本的学制改革确是日本方面发挥主体性的产物。

2.《学校教育法》的颁布与新学制的实施

教育刷新委员会于 1946 年 10 月起开始正式讨论学制问题，审议速度相当快，于当年 12 月就决定采用六·三·三·四学制了。文部省在接到教育刷新委员会的建议后，一边加紧与占领军 CIE 反复进行磋商，一边开始着手进行《学校教育法》的立法工作。经过一番程序之后，《学校教育法》最终于 1947 年 3 月 31 日获得国会通过，并于同年 4 月 1 日开始施行。具体规定《学校教育法》施行方法的《学校教育法施行规则》也于 5 月 23 日公布，各方面的法制亦日趋完善。

《学校教育法》颁布之后成为新学制改革的依据，也是学校体系改革的重要支柱。伴随着《学校教育法》的实施，战后日本民主化教育改革便步入实施新学制、改革旧学制的艰难历程。这是一个有计划、有步骤、分阶段的过程，至 1950 年，新的学校体系大致形成。

新学制有一个很重要的特点是把学龄前的保育机关幼儿园纳入学校教育体系，从而改变了战前幼儿园与小学脱节、二者互不衔接的分割局面，保证了学校体系的单一化。但在学前教育中仍保留了幼儿园与保育所两种机构，前者属文部省管，后者归厚生省管，二者的一元化问题仍是日本长期以来悬而未决的争议事项。

日本从 1947 年起开始建立新制小学和初中，并实行九年制义务教育。新制小学是由旧制国民学校初等科改编而成的，它以进行初等普

---

① ［日］海后宗臣:《日本教育的进展》，东京大学出版会，1951 年版。转引自:［日］明星大学战后教育史研究中心编:《战后教育改革通史》第 125 页。

通教育为主要目的。新制初中是由旧制国民学校高等科和青年学校普通制改成的,它是在小学的基础上进行中等普通教育的一种机构。与小学改革的侧重点在教育内容和方法上不同,初中改革的重点是把各种不同类型的学校统一起来,取消历史上形成的各种学校间的差别,建立民主单一的学校制度。具有这一意义的新制初中的创办,在某种意义上最好地象征了新学制的理念。由于九年义务教育主要由市、町、村负责,所以新制小学和初中亦由市、町、村设立并管理。

虽然起初日本政府考虑到经济状况而在实施六·三制义务教育上持消极态度,但迫于占领军和教育刷新委员会的压力和广大人民群众的要求(当时占领军总部就收到几百万封要求实行九年义务教育的国民来信),再加上后来经济的好转,对教育经费逐年有所增加,并重点保证义务教育经费,使之保持在国家教育经费的70%左右,终于使九年义务教育如期完成。

高中的体制和结构改革是战后学制改革的关键。新制高中是从1948年开始建立的,它是以旧制中学校为主体合并或改编高等女学校和实业学校而成。新制高中的建立使过去等级分明、双轨制的各级各类后期中等教育结构单一化。新制高中系在初中教育基础上,以实施高等普通教育和专业教育为目的的机构,其培养目标有三:①培养作为国家和社会有为的建设者必须具备的素质;②使学生根据个性决定将来的出路,提高普遍教养水平,掌握专门的技能;③培养对社会生活有广泛深刻的理解能力和健全判断能力,力求确立其个性。也就是使它承担着帮助学生升学或就业的双重任务。为了适应学生升学与就业的两种不同需要,在学科、授课、课程方面采取了多样的形式。在学科设置上实行分科制,即分为以普通教育为主的普通学科和以专门教育为主的专门学科,以设置普通学科为主的学校为普通高中;以设置一门专门学科为主的学校为职业高中;既设普通科,又设专门学科或只设专门学科的学校为综合高中。在授课方式上,新制高中采取全日制、定时制和函授制三种方式，后两种方式主要是为那些不能读全日制的劳动青年准备的，课程设置、毕业要求和待遇与全日制相同，但修业年限延长一年。

为了贯彻教育机会均等的精神，建立新制高中之初就实施了"高中三原则"，即为消除升学与就业区别而实行"综合制"；为消除男女不平等而实行"男女同校制"；为消除地区与学校差别而实行"学区制"。后因实际情况的变化，"三原则"难以坚持，从而形成普通高中、职业高中和综合高中并存的局面。

关于新制大学，1948 年春就有 12 所公立和私立大学相继成立，但新制大学制度的正式全面实施则始于 1949 年。新制大学是将旧制的帝国大学、单科大学、高等学校、专门学校、大学预科、高等师范学校、师范学校、青年师范学校及其他培养教师的诸多学校等近十种高等教育机构统一成单一类型的四年制大学。而统一之前提是要进行改造。

早在 1947 年 5 月，东京都内的一些大学校长就自发成立了为制定新制大学设立基准的协议会，同年 7 月，作为民间专业团体，正式成立旨在起草、制定和执行大学基准的"大学基准协会"，通过大学有关人士的审议，于 1949 年制定了大学基准，这一基准既是为了展示新制大学成立的标准，也被用作努力以此基准或提高大学水平的目标。根据《学校教育法》关于认可设置大学之际必须向大学设置委员会咨询的规定，文部省于 1948 年 1 月成立了大学设置委员会，作为文部省的咨询机构，专门负责新制大学设置的审查工作，1949 年 6 月又改称大学设置审议会，继续从事大学设置审查工作。大学设置委员会（和大学设置审议会）进行设置资格审查时所用的就是大学基准协会制定的大学基准。

1947 年，日本各种类型的旧制高等教育机关共有 658 所，日本对这些机构的改造方式如下：将专门学校中规模较大者改作新制大学的一个学部或升格为独立的大学；把旧制国立高等学校编作各府县设置的新制大学的一个学部，有些私立高等学校也被改编为独立的大学；

大学预科制度被取消，成为新制大学之一部分；旧制大学原封不动地过渡为四年制新制大学。把旧制各类学校改组为新制大学，自然问题很多，但当时日本采取的方针是先改名称，后予以充实和提高。经过一番认真的努力，1949 年度，日本就建国立大学 70 所，公立大学 17 所，私立大学 81 所；① 1950 年新制大学总数达 201 所，1952 年又增加到 220 所，这一数字相当于 1947 年旧制高等教育机构的 1/3。②

当时因一些旧制专门学校不具备并入四年制大学的条件，而与这些学校有关的人士又认为社会需要短期高等教育机构的存在，所以教育刷新委员会向文部省建议：作为暂定措施，设 2 年或 3 年制的短期大学。文部省接受了这一建议，于 1950 年正式建立短期大学。起初短期大学集中于大城市，以后逐渐发展成适合日本社会风土的独特的高等教育机构。

新大学制度中有一个突出的特点是研究生院制度的改革。战前日本的大学虽然由学部和研究生院构成，但研究生院并未像国外的研究生院那样发挥其应有的职能。而新制大学的研究生院则成为在学部之上兼具培养将科学应用到实际中去的应用型人才和从事学术研究并具指导能力的研究型人才双重目标的名副其实的高等教育机关。新制大学的研究生院系根据大学基准协会制定的"研究生院基准"（1949 年 4 月）而首先于 1950 年出现在私立大学，1952 年文部省大学设置审议会又具体地规定了"研究生院设置审查准则要点"，对国立大学设置研究生院予以审查。新制研究生院分为硕士和博士两种课程，前者 2 年以上，后者 5 年以上。

由上可见，新制高等教育机构名义上是单一的四年制大学，实际上是由大学学部、研究生院、短期大学三个部分组成，这也是三个不同的层次。

---

① ［日］文部省：《学制万年史》，帝国地方行政学会，1981 年版，第 698 页。
② ［日］海后宗臣编：《教育改革》（《战后日本教育改革》第 1 卷），第 193 页。

总之，从 1947 年颁布《学校教育法》之后，日本只用了三年多的时间，便有步骤地完成了确立六·三·三·四制学校教育体系的工作，它对战后民主主义教育体系的建成起到了先导和基干的作用。

（三）第一次课程改革

1.《学习指导要领》的制定

战前日本的中小学课程在行政上长期处于中央高度严格的统一控制之下，在内容上充斥着大量军国主义和极端国家主义要素，前者严重地桎梏着地方和广大教师的自主性、积极性和创造性，从而制约着教育的健康发展，后者使得日本的教育成了日本军国主义的帮凶。对于这种课程行政和内容，《美国教育使节团报告书》进行了严厉的批评，并且在此基础上提出了改革建议，这些建议大体包括以下几点：①以现代教育理论为基础来编制课程；②不是知识体系的教学，而是要从学生的兴趣出发；③课程编制要民主地进行，避免对教育内容的划一性、统制性指导；④给教师保留选择教育内容的自由；⑤课程编制要在文部省与广大教师协作下进行；⑥教师用书只作为教师的指南、启示等发行；⑦要进行与教育的心理基础和社会生活相关的研究。报告书被认为是占领军关于课程改革的必然性和前景的基本认识，极大地影响到战后日本的课程改革，并给日本国民留下了"活动课程"和"自下而上的教育课程自主编制"原则[①]这样的印象，促进了日本民间的课程改革实践与探索，从而使日本的课程改革进入新纪元。

早在 1946 年 4 月，日本文部省就成立学科课程改正准备委员会（后来改称学科课程改正委员会），根据使节团报告书的精神，开始研究、探讨课程改革问题，并提出了若干个以旧制国民学校制度为前提的课程改革方案。但是到了 1946 年 9 月以后，由于 CIE 要求日本以 1947 年预定实施的新学制为前提制定课程改革方案，文部省遂根据使

---

① ［日］肥田野直、稻垣忠彦编：《教育课程总论》（《战后日本教育改革》第6卷），东京大学出版会，1971年版，第74页。

节团报告书的建议精神，在匆忙中模仿美国的 Course of study（日本将之译为"学习指导要领"）方案（当然也有战前日本国民学校时期由政府建立但尚未充分实现的学科学习与实际生活相结合的教学以及低年级综合教学的基础）编制出 1947 年版学习指导要领。其中《学习指导要领一般编》于 1947 年 3 月 20 日出版，《学习指导要领各科编》于1947 年 5 月、6 月、12 月出版。

在战后民主化的潮流中，课程改革自然也要以民主化为目标，始终贯彻民主化原则。负责编辑《学习指导要领一般编》的青木诚四郎阐述了如下的编辑原则：首先作为最基本的原则，强调"一切均要立足于民主主义的基础之上"，"如果更具体地考虑这一点的话，其中可发现自由与责任的原则；若将其作为教育内容和实践形态的问题来看时，就应遵循适应社会要求和满足儿童要求这一原则"。基于这一最根本原则，青木强调在构成《学习指导要领》内容时，要注意以下几点：第一，要"提示新教育中学习指导的目标，展示大致的教学基准"，要"反映社会要求，表明教育的社会责任"；第二，在进行实际教学时，要始终不断地考虑以儿童的发展为基础来进行，要反映其要求，确保其自由；第三，作为教学方法，要采取儿童中心的原则；第四，要注意教学结果的考查。《学习指导要领》就是遵循如上原则和精神以明确进行教学时可能遇到的问题作为教师实际教学时的参考为目的编制而成的。①

尽管由于《学校教育法》及其施行规则、《教育委员会法》以及《文部省设置法》等有关法律关于课程编制权的规定模糊易生歧义，从而导致人们从改革一开始就为此争论不休，但从当时的实际情况看，编制《学习指导要领》的法定主体是教育委员会，而在教育委员会准备不充分的情况下暂时由文部省代行这一权力；另一方面实际的教学

---

① ［日］肥田野直、稻垣忠彦编：《教育课程总论》，第 188—189 页。

计划和教学内容即约翰古德兰德所说的"实践课程"（Practical Cur-riCulum）是由各学校和教师根据各地区的特点、学校的实际情况和学生的特点来编制的。这可以从《要领》不厌其烦地解释它本身不具有约束力看出来。课程行政由中央统一控制到尊重地方意见、发挥教师自主性和独创性的变化对战后日本教育改革来说具有划时代的意义。

　　与课程行政一样，1947 年《学习指导要领》所体现的战后日本中小学课程的结构也发生巨大变化：小学设国语、社会、算数、理科、音乐、图画、手工、家庭、体育和自由研究 9 种课程，社会科、家庭科、自由研究为新设科目。初中设置国语、习字、社会、国史、数学、理科、音乐、图画、手工、体育和职业（农、商、工、水产、家庭）10 门必修课和外语、习字、职业、自由研究等 4 门选修课，对出路不同者施以同样的教育。高中课程分成以实施普通教育为主的"普通课程"和以实业教育为主的"实业课程"；在普通教育课程中以国语、社会、体育为必修课，其他所有学科均为选修学科；实业教育课程中，课程种类达 29 种之多．各自安排了实习和相关实业学科；实行选修制、大学科制和学分制。

　　综观 1947 年《学习指导要领》所规定的中小学课程结构，其特点突出体现在新设科目上，特别是社会科和自由研究两个科目上。社会科是替代战前的修身、日本历史和地理三门学科而设的综合学科，其目标是：使青少年理解社会生活，养成社会态度和能力，从而使其正确地适应社会生活，建立正确的人际关系，进而达到发展和提高"自己所属的公共社会"的目的。可见它是一门内容和方法崭新的课程，在某种意义上讲，社会科的教学和研究成绩代表着战后日本课程改革和新教育的成果。因而有的日本学者就曾指出："新教育的精神集中体现在社会科中，同时新教育的最大困难也在社会科中。"①

　　———————————

　　① ［日］大田尧编著：《战后日本教育改革》，第 165 页。

自由研究并非学科课程，而是作为学科外活动而设的，其目的在于强调教师要重视学生的自我学习和自发活动。战前日本虽然也有学科外活动，但很少被纳入正规课程之内。这次自由研究被置于课程范围内，实际上是开学科外活动课程化之先河。

为配合新学制的实施而应急制成的1947年《学习指导要领》在课程上并未充分展开，但却展示出与以往对教育内容和方法把握不同的特征。首先在教育目标上，表明了从基于"《教育敕语》之宗旨"、以修炼"皇国之道"为根本的立场向《教育基本法》前言中所阐明的原理的转变，宣告以"儿童的现实生活"为达成这一目标的出发点，把儿童自己的成长看做是教育的价值和目的，表明了由以国家为主轴的立场向以儿童为主轴的教育目的的转换。基于以上立场，以新宪法和《教育基本法》中包含的社会文化的要求和儿童、青年的生活为两个主轴来构成学科课程。虽然并未明确提示这一课程构成的具体方法和理论根据，但基于社会、文化的要求和儿童的生活这两个主轴来将课程结构化这一理论取向还是提了出来，尽管有些简单。其次在学习指导的方法上，"要领"强调以儿童为中心，重视儿童的生活经验、活动、自发性等。

1947年版《学习指导要领》由于是应急制成的，因而是不完全的，所以是以"试案"的形式发表的。从1948年开始日本文部省就着手对其进行修订，力求使其完备。为此，文部省于1949年设立教育课程审议会（以下称"教课审"），作为文部大臣之咨询机关，负责对课程重要事项的调查审议工作。根据教课审的咨询报告，文部省于1951年修订了《学习指导要领》。这次修订有两个突出的特色：一是正式启用"教育课程"用语，作为其定义，是指"在学校的指导下学生所实际具有的各种教育性经验或各种活动之总体"，比1947年版中的"学科课程"涵义更广泛。二是经验主义课程观色彩更浓。此外还强调各学科间的综合性，综合的视点是以儿童的生活经验为核心。学科被分成四个经验领域，即主要是发展学习技能所必需的学科（国语和算数）；主要发展解决有关社会和自然问题经验的学科（社会和理科）；主要发展创造性表现活动的学科（音乐、图画手工、家庭）；主要帮助保持和增进健康的学科（体育等）。

2. 教科书制度改革

课程改革与各学科使用的教科书密切相关。由于确立了可以根据《学习指导要领》编制课程的制度，各学校、教师可以自己根据各地的实际情况编制课程，此时使用的教材也要看各自的特色。由于教科书亦是教材的一种，所以教师有必要从各种各样内容的教科书中选择最适合学校教学计划的。这样，战前仅此一种的国定教科书制度显然不适应新的方针。对于这一在战前日本实行长达40年的国定教科书制度，《美国教育使节团报告书》提出了批判，并且建议废除国定教科书制度，采用自由发行、自由采用的制度，亦即教科书的编辑出版委以民间来进行，通过自由竞争求得提高与发展，文部省对教科书、教学内容和方法不应介入。而且值得指出的是，"与盟总无任何关系而自主地成立、运营"的公民教育刷新委员会（1945年10月设）所提出的咨询报告中也表明了对于教科书应以自由发行、自由采用为原则的方针。这一切均意味着废除国定教科书制度，进行教科书制度改革成为必然。

战败之后，日本的国定教科书制度面临重重困难并出现了混乱。为此，文部省于1945年9月20日向各地方长官发出了"关于学科用图书的处理"的通知，指示继续使用战前的国定教科书，同时明示了应该加以省略和删除的教材基准，以作为对战时教材的处理。后来根据CIE停止修身、地理、历史三科教学和禁止使用及回收以往国定教科书的指示，文部省于1946年2月发出处理通知。但文部省总的态度是想维持国定制度，认为一下子废除有着悠久历史的国定教科书制度有困难。就在这样的背景下，包含以检定制度为主，同时承认文部省著作教科书之内容的《学校教育法》获得通过，从而关闭了教科书自由发行、自由采用的道路。

第二节　五五年体制与教育再改革

（一）五五年体制的本质与教育再改革

1955 年是战后日本历史发生重大转折的一年。

这一年，日本经济经过战后 10 年的努力，得到了恢复、改组和重建，为经济起飞创造了条件。在政治上逐步形成了保守势力和革新势力。1955 年 10 月左右翼社会党重新统一，成为革新势力的代表。同年11 月，自由党和日本民主党合并，形成"保守联合"的自由民主党。这给战后的日本政治乃至整个教育带来深刻的影响，史称"五五年体制"。

究竟五五年体制给日本教育带来了什么影响，为什么从五五年之后，日本社会乃至教育都从战后的民主主义的改革向后倒退，这同五五年体制的特点与本质有关，即五五年体制决定了经济高速增长时期教育的特色。

1. 政治上的一党执政与政党参与教育事务的日益加强

1955 年大选之后，"保守联合"的自民党在议会中占据了压倒多数优势，从此开始了长期一党执政的局面。

在教育上，随着政治上的自民党一党执政，对日本的教育发展尤其是教育政策的制定产生了巨大的影响。这突出表现在这个时期教育行政的改革和教育政策的制定上。

首先从教育政策上，自民党的教育政策主要由其政务调查会下属机关文教都会和文教制度调查会负责制定的。文部省的政策形成在很大程度上是贯彻自民党教育政策的基本方针，并对教育政策的制定作技术性加工，可以说日本的教育政策是自民党与文部省的连携而形成的。

再看教育法案的产生，日本的法律提案的产生有两个渠道：一是由各部委起草，经过内阁会议讨论后由内阁向国会提交的；另一个是由政党中的专职委员会起草，经由该党的议员向国会提交的（议员提案）。一般说来，内阁提案基本是政府行政机构为中心的；议员提案是政党从独立的立场提出的，但是，这仅是一般方案时，关于教育的方案，不论是内阁提案也好，议员提案也好，自民党与文部省、内阁都是在紧密配合，协同作战的。尤其是70年代之后这一倾向更为明显，尽管提案的形式是以内阁出面的，但在这一方案的形成过程中，自民党已经全面介入，并掌握了主动权。所以，文部省的提案，没有自民党的特定机构（政调、文教部会、文教邦）的点头，是不可能成立的。就连一般的训令、通知，属于文部省职权范围内的法律性文件的制定，实际上也都让自民党的有关方面把持着，文部省只不过在形式上对自民党作出的决定加以法律手续上的追加认可而已，而政治上的这种一党执政，保守主义对日本教育改革形成了巨大障碍，即任何一项改革方案，如果得不到自民党认可，那么在现实中是很难推行和立案的。

2. 理念上的经济增长主义与教育上的能力开发政策

作为五五年体制的本质在理念上的表现是在这个时期财界、政界、官界三位一体推行经济增长主义，也就是说，五五年体制是以经济增长的高度化和极大化为目的的体制。经济增长主义是财界、政界、官界的共同理念，推行经济增长主义虽说主要是经济方面的内容，但也有政治及其他社会方面的意义，实际上可以说是五五年体制命运之所系。

在这种理念的影响下，教育上的直接表现就是强调能力主义、人才开发，将教育计划纳入经济计划，使教育政策同经济政策统一起来。

从50年代到60年代是日本战后教育方向发生变化的决定性时期。这一时期与日本资本主义完成"由复兴到发展"转变的时期正好一致，在那之后，特别是进入60年代之后，建立了财界与政界、官界结成一体的体制。尔后，经济界的要求以国家权力的媒介贯彻到教育政策中来，教育政策就完全成了经济政策的从属品。

在这种理念的指引下，在日本，教育被作为经济的一环，并且在高额利润第一主义的理念下，强调教育投资的经济收益，在教育实践中多着眼于理工科知识的传授和内容的充实更新，以此防止"知识的陈腐化"，而轻视人的全面发展的教育和防止"思想的腐朽化"。其结果，导致日本学历社会的新的文明病和所谓"日本病"愈演愈烈，导致人们特别是青少年人生价值观和生活信条的蜕变。在五五年体制期间，一部分日本青少年成为"无目的一代"甚至出现大量犯罪行为，这是教育工作中见物不见人，经济主义教育思想的结果。

3. 体制上的中央集权化与教育改革的滞后性

五五年体制形成之后，除了政治上参与教育行政改革，理念上推行经济至上主义之外，在教育体制上的表现，是恢复中央集权化。具体表现为：颁布地方教育行政的组织及其运营的法律（1956年），变教育委员会的选举制为任命制；实施教师勤务评定（1957年）；教学大纲的改订与教科书检定的强化（1958年）；全国统一学力成绩测验（1961年）等，按年份排列一下就可看出，日本这一时期在教育上加强统治这一政策的实施与战后政治、经济的变化是如出一辙的。

（1）中央集权化与教育体制改革

战后教育改革，形成了民主主义的"六·三·三·四"体制，这一体制在经济高速增长时期受到冲击，最突出的表现就是高等专门学校创立一案。

1960年12月，日经联提出了"对创办专科大学的希望与意见"，其中直接谈到了培养中级技术员的问题。在财界这一压力下，政府为了设置五年制的工业高专，对《学校教育法》进行了部分修改，于1962年4月，正式成立了高等专门学校。

另一个重要的举措是在高等教育改革方面，从单一类型的四年制本科院校，逐步形成了研究生院、四年制大学、高专、短期大学等多层次、多类型的高等教育结构，而这一措施的实现，是通过60年代之后，文部省、中央教育审议会在各种咨询报告、改革建议基础上通过有关教育法令而加以实施的。

（2）教育的立法性、法令主义取代了教育自由和教师活动的主体性

在五五年体制影响下，为了加强国家对教育的控制，大量颁布教育法律，以法令主义强行推行国家教育政策，也成为这一时期的主要特色，在50年代中期至70年代中期，日本在教育上的立法，不仅涉及组织管理、学校经营，教科书发行审定，而且旁及教师员工任职、资格、工资、学生伙食等方方面面。即在经济高速增长时期，任何一项教育活动，都是在法令的规定下进行的。教师活动完全丧失了主体性和积极性，一切都是照章办事，依法进行教育活动。

（3）财、政、官三位一体，使一切教育为经济增长服务，教育成了经济发展的手段

这个时期在财界、政界、官界三位一体的五五年体制影响下，经济至上主义也成了教育改革和发展的主导，具体表现为将教育计划纳入经济计划之中，推行人力开发政策，提倡"教育投资论"等等，即教育政策开始直接从属于经济政策，教育成了经济发展的手段。

这种经济至上主义造成了教育上的荒废和各种弊端。如能力至上与学力主义；"考试地狱"与学生厌学；学企同构与大学成为企业的预备校等等，并且随着五五年体制的僵化和保守，在教育上反映出的问题越来越严重。随着70年代初经济高速增长的结束，这一时期的教育改革也出现了新的动向。

（二）第二次课程改革

在经济高速增长时期，不仅在教育行政上国家加强了集权制，取消教育委员会选举制，同时，在教育内容上，日本统治者也对和平民主的教育感到危险，所以对教育内容也加强了统治。修改教学大纲（学习指导要领），强调国家对教育内容的发言权，最为突出的是在中小学特设

"道德教育"，加强中小学的"爱国心"教育。这次课程改革的重点，是根据社会和经济发展及科技进步的要求，重视教育质量的提高，而其核心是适应经济高速增长的需要，不断促进教育课程的现代化。

1. 第二次课程改革概述

自 1957 年日本文部大臣在教育课程审议委员会上公开讲话谈到：为了确保在国际社会中的新地位，为能使与飞速的文化、科学、产业发展所相应的民族独立和国家繁荣，必须下大决心，对"教育内容进行修改"[①] 以来，日本开始了战后第二次课程改革。

日本战后第二次课程改革的方针是"充实基础学力，加强科学技术教育"。这一阶段的改革主要表现为，小学 1958 年颁布，1961 年实施；初中 1958 年颁布，1962 年实施；高中 1955 年颁布，1956 年实施；1960 年修改，1963 年实施的教学计划和教学大纲。

这次改革的背景是：从 1955 年起日本经济进入高速增长阶段，社会和产业界纷纷呼吁振兴学校职业教育和科技教育，重视基础学力，加上当时世界各国都受到苏联第一颗人造卫星上天和科技教育浪潮的冲击，因而改革中小学教育课程，成为客观迫切需要。

在此背景下，1958 年 3 月，文部省教育课程审议会提出"关于改善中小学教学计划"的报告，其中建议：增设道德教育时间；充实基础学力，加强科学技术教育。根据这个报告的改革原则，中小学分别修订了教学计划和大纲。

这次课程改革的主要特点是：把中小学课程分为学科、道德、特别活动，学校行政 4 个方面。把道德教育从学科中独立出来，取消了自由研究，用特别活动来代替，学科设置基本未变。同时，取消了核心与外围课程之分，重视学生基础学力，加强了国语、数学的教学时间，注重知识的系统性和科学性，修改了数理科的教学内容，加强科技教

---

① ［日］大田尧编著：《战后日本教育史》，教育科学出版社，1993 年版，第 221 页。

育。从而使学生的基础知识和基本技能有所加强，教学质量相应提高。

2. 课程编制的原理和理论

战后日本的历次课程改革，在围绕着课程编制方面，教育家们都有过激烈的争论，即适应时代潮流产生了不同教育家所主张的不同课程论。

（1）课程编制的原理

从 20 世纪 50 年代至 60 年代中期，日本中小学课程编制的原理主要以"学力论"为理论基础，具体表现在如下几个方面：

①读写算的基础学力论

20 世纪 50 年代日本的学力观，是主张以读写算为基础学力。主要代表人物为日本民主主义教育协会和民主主义科学协会教育学部会所属的国分一太郎和矢川德光等。其根据是，第一，读写算是自学校成立以来课程中最早设置的学科，同时又是后来各学科分化的母系学科，因此，它是各学科学习的基础。第二，由于它以科学的系统知识技能的掌握为基础，既重视科学又重视实践，不同于经济主义的单纯感性认识，因此，它是形成科学世界观的最基本武器。总之，它是人的社会化过程不可缺少的"人的认识能力的基础"。1958 年修改中小学教学计划时，这种学力观成为课程设计的主导理论。

②学力的二层结构论

20 世纪 60 年代以后，随着日本能力主义教育政策和美国布鲁纳的结构主义课程论及"发现学习法"的兴起，有人对读写算的基础学力论提出质疑，以新的角度论证学力，提出二层结构论，代表人物为评广冈亮藏。他认为：读写算的基础学力论有一定的局限性，它的特点是过度重视百科全书性的要素知识的蓄积和抽象，固定的形式上能力，是一种落后于时代的旧学力观。而符合于现代社会发展的新学力观应该是系统性知识技能的学习和问题解决性学习相结合，读写算基础学力与问题解决的学力两层结构，才能构成完整的学力体系。他进而又把学力分为三个等级的能力，即个别的能力（个别的知识与技术）、概括的认识（超越个别经验和感性认识的概括性理性认识）、行为的态度（基于理性认识之上的探索、研究、实验、实践的行为与态度，也包括社会性行为与态度）。广冈亮藏的学力观，被称为"科学主义的学力观"，受到普遍认同，并成为1968年课程改革的依据。

（2）课程编制的模式

除了以"学力观"作为课程编制的基本原理外，日本还以6种基本模式作为课程编制的依据。如果说前者是课程设计的理论指导原理的话，后者可以说是课程编制方法原理。

①分科课程

分科课程又叫学科课程，是根据教材的目的与性质的需要，设计学科或课程，多采用一学科一课程，或一学科多课程的形式。它的特点是强调知识的系统性和纵向联系。

②相关课程

相关课程是表面上保持着分科课程的方式，但学科与学科之间，课程与课程之间保持着相关联系，教材和内容相互融合渗透，以助于双方教育内容的融会贯通。

③融合课程

融合课程是将类似或内容相互接近的若干学科的主要知识和内容抽选出来，重新编成一门新的学科。这种课程编制打破学科界限，按照知识体系在自然界和人类社会中的客观存在和内在联系组织教材，不以固定学科而以"一般社会"或"一般理科"来命名。

④综合课程

综合课程又叫广域课程，它完全打破学科界限和内容体系，只分成若干课程领域，按照不同教育目的，重新组织课程和内容，强调的是知识的横向联系和综合。综合课程内分学科和经验两种课程体系。

⑤核心课程

核心课程有人叫做中心课程或合科课程。以问题为中心设计课程，将一种课程作为核心，其他几种相关课程作为辅助，使之有机地统一组织起来。核心课程分三种体系：将特定学科合科的学科核心课程；重视学习者活动的学生核心课程；旨在社会实践的社会核心课程。

⑥经验课程

也有人称为活动课程。即从学生的兴趣与经验出发，强调的不是系统知识的传授，而是通过活动或经验锻炼能力。课程设计的目的是使学生通过解决问题，积累经验，增长才干。

上述6种课程设计方法模式，归结起来无外乎两种类型，即学科型和经验型。课程编制以哪种类型为主导，是根据时代、社会和学力观的需要。如战后初期的课程以经验型为主导，高速增长时期以学科型为主导，之后又强调二者的结合。

3. 课程改革的要点，特设"道德教育"

战后初期，日本根据美国占领军的指示，以清除军国主义，实行和平主义和民主主义的教育为目的，对当时的教学内容和教科书进行了修改，废除了修身、地理和历史等具有国家主义和军国主义思想的学科，代之以社会科。社会科是模仿美国的同类学科设置的，它不是专门进行道德教育的学科，而是学校总的道德教育活动和内容之一，可以说道德教育被有所削弱。

1952年朝鲜战争结束，日美宣布媾和，日本在政治上取得独立。从这时起，日本开始注意恢复国民的民族意识和独立性，要求进一步加强道德教育。而且，从1955年起经济开始高速增长以后，各界纷纷要求对中小学教育进行再改革。

在这种情况下，教育课程审议会在1958年3月提出了"关于改善中小学教学计划"的报告。报告建议增设道德教育时间；充实基础学力；加强科学技术教育等。文部省根据该报告提出的改革原则，在同年 10 月公布了新修订的中小学教学大纲，而这次大纲修订所引起的第二次课程改革中，最突出的一点是增加"特设道德"。

"特设道德"的目的，是培养"尊重人的精神"，并使之在家庭、学校等具体的社会中贯彻这种精神，造就致力于能够创造富有特色的文化、和平民主，对国际社会做贡献的日本人。

"特设道德"的内容，与各学科、特别活动及学校行事等其他活动中的道德教育具有密切关系，并对之进行补充，深化统一，以及与之进行交流等。以使学生养成所期望的道德习惯，心态和判断为主，主动地提高个人在社会中的应有姿态的自动性，从而谋求提高道德的实践能力。

这种道德教育的一个特点是，不单独依靠"道德时间"，而是通过学校的全部教育活动进行。其目的不只是向学生传授一些道德知识，让学生把伦理当做纯理论来学习，而是通过各学科及课外活动等途径指导学生获得一定的道德观念，陶冶道德情感，锻炼道德意志，从而形成良好的人的行动力量和实践能力，而其中最为典型的是在中小学强调"爱国心"教育，在"学校仪式"活动中强调升国旗，齐唱"君之代"。

伴随第二次课程改革而颁布的教学大纲的性质也发生了变化。即以前的教学大纲都是作为文部省所编纂的著作，是教师在备课编写教育内容时的"参考书"、"入门指导"，只不过是一种"试行方案"而已。但经过 1958 年的修改之后，新教学大纲作为文部省的文件公开颁布。即教学大纲不仅作为教师编写教材的参考，而且开始具有法规性质，是一种强制性的文件了。

第三节　经济高速增长与能力主义教育

从 20 世纪 50 年代中期至 70 年代初，是日本战后经济的高速增长时期。相应经济的发展，政权的更送，日本已逐渐从政治时代向经济时代转换，在教育政策方面也开始以能力主义和人才开发为基础，全面推行能力主义教育。

（一）国民收入倍增计划中的教育政策

将教育计划纳入经济计划，是日本战后历届内阁的一贯方针。在这方面最为著名的是 1960 年 12 月由池田内阁制定的《国民收入倍增计划》，在这一计划中，用了很大篇幅论述日本的教育政策。

这一计划的重要特征是"在计划中重视人的因素。从经济发展的基本条件之一是以最大限度地开发国民所具有的潜在能力出发，以提高教育、训练、科学技术水平的形式，重视人的因素"。[①]

这个计划的第二部分第三章是"提高人的能力和振兴科学技术"。人的能力、人力资源这一提法第一次出现在教育政策面前。

1. 确立能力主义政策

自池田内阁以来，日本历届政府一直重视人才开发，把教育作为国家的经济、产业、劳动各种政策的重要一环。《国民收入倍增计划》认为"人的能力是由整个国民教育水平的提高及由此而掌握的广泛知识、明确的判断力、正确的价值观和实践能力而提高的。"《按收入倍增计划制定长期教育计划报告》认为："人的能力开发政策的中心是教育训练。"[②] 基于这一点，在《国民收入倍增计划》里提出："提高人的能力，是提高全体国民的教育水平。"但这不是一朝一夕的事，而应树立长期的观点，长期的课题是中等教育的完成。因而，在计划期间最重要的是做到科学技术人员及技工的数量的确保和质量的提高。而作为政策的具体实施目标是：

（1）扩大理工科招生人数。

（2）增加工业高中招生人数。

（3）新培训技术工人 160 万人。

---

① ［日］八木淳等编：《战后教育史》Ⅲ，三一书房，1986 年版，第 26 页。
② ［日］横滨国立大学现代教育研究所：《中教审与教育改革》，三一书房，1973 年版，第 203 页。

（4）再培训人员 180 万人。

此外，1962 年经济审议会接受总理大臣关于《适应今后所预想的技术革新的进展、劳动力供求的变化，为使日本经济健康发展应采取怎样的人的能力政策的基本方向》的咨询，于 1963 年 1 月由该审议会的"人的能力部会"发表了《在经济发展中人的能力开发的课题与对策》的咨询报告，对能力主义政策作了充分的说明。

这个政策首先要求加强能力观察和出路指导；其次是培养有高才能的人，即在发展经济上起带头作用的人；第三，实行在职培训，提高在职人员的能力；第四，转变观念，从偏重学历，资历转向重视人的能力；第五，加强与扩充技能检定制度，并确立资格检定制度。

整个 20 世纪 60 年代，能力主义政策成为整个日本教育发展的主导政策。

2. 提倡教育投资论，强调教育的经济效益

与国民收入倍增计划相应，在这个时期，文部省的教育政策也发生了巨大变化，适应产业界的要求，于 1962 年 11 月，文部省发表教育白皮书《日本的经济发展和教育》，正式提出教育投资论。

白皮书指出："教育在社会发展中起着重要的作用，是人所共知的。"并且在第一章"教育发展的经济效果"中指出："经济发达的国家更加重视科学的发明，技术的熟练，工人的素质才能以及善于利用可利用资源的人的能力等"，这些重要因素在经济发展中所作的重要贡献，并不亚于物的资本和劳动力的作用。这些重要因素，统称之为"人的能力"。"而开发人的能力，很大程度上取决于教育的普及和提高。"[1]

教育投资论提出之后，对于日本这个时期的教育发展产生了巨大影响。其主要表现：一是提高国民学历水平，大力发展高等教育，使

---

[1] ［日］文部省调查局编：《日本的经济发展和教育》中译本，吉林人民出版社，1978 年版，第 1、7 页。

高等教育在 1966 年达到了大众化的水平。二是大力调整中等教育结构，增设职业高中，为产业界培养合格的技术工人。三是调整高等教育结构，通过增招理工科学生，以达到教育结构与经济结构、就业结构的相适应。四是加强在职工人、技术人员的再教育，以提高产品的质量。

教育投资论与人才开发论一起，成为倍增计划以及这之后的经济计划的重要内容。通过这一政策的调整，日本的经济发展从重视物的投资转向重视人的投资。整个 20 世纪 60 年代，在教育中的各种投资几乎翻了几倍，无论是中等教育，还是高等教育，急剧扩张也是在这个时期。但是由于过分强调教育的经济价值，也带来一系列的负面作用。如经济至上主义严重腐蚀教育目的，成为整个发展的核心内容。过分考虑产业界的需要，而忽略教育自身的发展规律。因此，造成了"教育荒废"以及其他一系列问题。

3. 振兴科学技术和科技教育

《国民收入倍增计划》将提高人的能力和振兴科学技术单列为一章。为了振兴科学技术，计划提出：为尽快解决科技人员不足的问题，应迅速制定增加理工科大学招生定额的具体计划。仅 1961 年就计划增招 16000 人，创建大阪大学工学部，新设全日制的工业短大。此外，还新设学科 37 个，扩充改组 17 个。在九所大学设置工业教员养成所，招收学生 880 人。二是大幅度增加教育投资，重点支持科学技术研究。如在此期间在名古屋大学创设等离子研究所，在广岛大学设置放射医学研究所，同时增设原子能、基础电子学、防灾科学、宇宙观察等基础研究的讲座 9 个，研究部门 12 个。此外，大幅度增加科学研究交付金、民间学术团体振兴费、在外研究费等。三是设立国立工业教师养成所，以大量培养工业高中教师。1961 年文部省制定了"关于设立国立工业教师养成所的临时措施法案"，随后在 9 所国立大学（北海道大学、东北大学、东京工大、横滨大学、名古屋工大、京都大学、大阪大学、广岛大学、九州大学）里分别设置了工业教员养成所。四是大力扶植私立大学，支持其发展理工科教育。在倍增计划和政府的支持下，以日本大学为首的十所私立大学发表声明，提出响应政府和产业界的要求，从 1961 年开始，增设学科和增加定员，大量培养理工科学生。

此外，在加强产学合作，扩充青少年的教育训练，加强青少年的教育指导等方面，"倍增计划"也提出了具体对策。因此，"倍增计划"不仅是一个经济计划，而且是一个教育计划、教育发展的报告书。由于计划制定得科学、合理，有可操作性，因此，实施起来很容易。整个 20 世纪 60 年代，无论是增招理工科学生，还是调整高等教育结构，发展工业高中，建立工业教员养成所，基本上都是按计划的目标加以实施的，也正是如此，经过高速增长之后，日本的大学实现了大众化，科学技术得到加强，在各种尖端科技领域，尤其是电子产品，始终处于领先地位。在中等教育以及职业教育方面，也取得突出成就。职业高中和普通高中的比例为 6∶4（有些地区甚至达到 7∶3），为产业界输送了大批懂得现代技术的技术人才。可以说，正是由于倍增计划的科学性，使日本的教育在量的发展上进入了一个新时期。

（二）第三次课程改革

为了进一步加强科技教育，对中小学生进行能力开发，以培养企业社会所需要的高才能的人，日本在 20 世纪 60 年代末又对中小学进行了战后第三次课程改革，改革的主导思想就是"能力中心主义"。

1. 课程改革的背景

这次课程改革的背景是：1960 年政府制定了《国民收入倍增计划》从中提出了"开发人的能力政策"，以作为教育为经济高速增长服务的中心课题。与此同时，在以前苏联人造卫星上天为标志的科学技术教育浪潮冲击下，美国也展开了课程现代化运动，并由此产生了布鲁纳的结构主义课程论，日本把它引进来，作为课程改革的理论依据。

文部省于 1965 年和 1968 年先后两次向教育课程审议会提出关于改善中小学教学计划的咨询，然后根据咨询报告，先后提出并实施了

1968 年小学、1969 年初中、1970 年的新学习指导要领（教学大纲）。

1965 年 6 月，文部大臣对教育课程审议会提出了有关教育课程的咨询，在咨询宗旨说明中，他一方面要求委员们能根据"个性、能力、就业、特性"对教育课程加以研究；另一方面，又强调了"教育课程的统一与谐调"，告诫不要偏重智育，必须注意"道德涵养"、"情操的陶冶"等。并且强调"培养国民"、"要加深对我国历史、传统、文化的理解，有国民觉悟，有自觉地完成自己的职责及使命的勇气，培养这样的国民是头等重要的大事"。[①]

另外，关于中学，1968 年初，由"中教审"提出了教育课程改善的"中间报告"，6 月份提交了最终报告，在第二年的 1969 年 4 月，文部省发布告示，公布了新的学习指导要领（教学大纲）。随后是高中，1970 年 10 月 15 日，公布了高中新学习指导要领（教学大纲）。为了适应不同程度学生的发展，增设了几门浅显的新科目，如"一般数学"、"基础理科"、"初级英语"等。另外，还根据新的学习指导要领，对教科书也进行了修改。小学在 1971 年度，中学在 1972 年度，高中在 1973 年度开始使用新编的教科书。

2. 课程改革的内容和特点

这次课程改革的主要特点是：以结构主义理论建立课程体系，加强了基础学科的知识结构，强调教学计划、教学大纲、教科书的统一性和计划性，增加了基础学科的标准学时，另外，为贯彻能力主义原则，加强课程与教材的科学性，把现代科学的先进成果大胆地编入教学计划中去，增设了许多新兴学科，并把数理科学的一些基本概念和原理下放到低年级去，试图以层层加深的高难度的科学性课程教学，来提高学生的学习质量与能力。

例如，小学的算术同以前相比，有很大变化，以前二年级和三年

---

① ［日］大田尧编著：《战后日本教育史》中译本，教育科学出版社，1993 年版，第 244 页。

级教的速算"九九"，全都在二年级教了。在中学搞的分数四则计算也在小学六年级进行了。此外，新增加了"函数"（三年级）、"集合"（四年级）、"概率"（五年级）、与计算技能相比，更重视"数学的思维方法"即所谓的"教学教育现代化"，新大纲采纳了这一思想。

1970 年公布的高中新教学大纲，修订的要点主要有：

（1）压缩必修科目，把必修科目减少到 2/3，例如普通科男生从 17 科 68－74 学分减至 11－12 学科 47 学分。

（2）为跟不上的学生新设"一般数学"、"基础理科"、"初级英语"、"英语会话"四门容易的科目。

（3）每周一小时的俱乐部活动。

（4）体育课男生必修改为 11 学分，其中柔剑道技巧占到 2 学分以上。

（5）女生的一般家政要必修 4 学分。

通过这次修订，新教学大纲规定小学课程包括学科和道德教育两部分。学科课程有：国语、社会、算术、理科、音乐、图画、手工、家政、体育 8 种。

初中课程包括学科，道德教育，特别活动三大类。学科中的必修课程包括：国语、社会、数学、理科、音乐、美术、保健体育、技术家政 8 种，此外，还设有外语和职业（工、农、商、水产、家政）等选修课。

高中课程包括教学科目和特别活动两大类。教学科目细分为：国语、数学、社会、理科、保健体育、艺术、外语、家政。17 门课程，共 50 种科目，其中必修科目是 11－13 门。

3. 第三次课程改革评价

20 世纪 60 年代末进行的第三次课程改革从一开始，就遭到以日教组为首的民间教育界的反对，认为它脱离实际，违背《教育基本法》和宪法精神，搞能力主义。1967 年 5 月日教组召开的大会上对课程审议会发表的中间报告，提出以下四点特别要求。

（1）恢复宪法和《教育基本法》精神的教育内容，并应绝对坚持下去。

（2）把教育课程恢复到试行法案。

（3）改正修订工作中的秘密主义。

（4）采取接受日教组和研究会，国民各阶层的批评和意见的具体做法。

但是，这种意见并未引起文部省的注意，新大纲依然是"大书特书'爱国心'教育，在历史教育中通过复活神话等，强化教育的国家统治。"

另外，随着这时课程难度的加大，在中小学出现了大量的"掉队生"。新的教学计划和大纲的实行结果是事与愿违，不仅没有提高反而降低了教学质量。1971年，日本全国教育研究所联盟经过调查指出："大多数教师感到有一半以上的学生不能接受课业"。当时日本也流传着一种"七·五·三"的说法，即高中有70％，初中有50％，小学有30％的学生消化不了所学的内容，跟不上进度而掉队。因此，这时产生了大量"学习热"，即学生放学后，依然要进各种补习学校学习，针对出现的这种情况，从1973年开始，日本又开始酝酿新的课程改革。

第四章 日本第三次教育改革

第一节 20世纪70年代
开始的第三次教育改革

（一）第三次教育改革的提出

1967年2月，日本中央教育审议会（以下简称"中教审"）提出了一项"关于今后学校教育综合扩充与整顿的基本措施"的建议，同年7月，文部省就这一题目向中央教育审议会提出了咨询。文部大臣在咨询理由的说明中强调，"明治以来，我国一直是以先进国家为范，为接近其水准而努力，但是，现在已经到了应该靠自己来探究日本独自的道路的阶段了"，[①] 要求审议会对学校教育的从学前教育到高等教育的所有领域尤其是制度性、内容性等方面，从以下观点进行审议：①国家对学校教育的要求和教育的机会均等；②按照人的发展阶段和个人的能力、倾向进行有效的教育；③教育的有效分配和适当的负担区分。

关于提出如上咨询的背景，普遍认为是：①教育的外部环境的急剧变化提出了许多亟待解决的课题。在日本，20世纪60年代是技术革新和经济高速增长的年代，而技术革新和经济高速增长也使20世纪60年代成了"教育革新的年代"。教育技术学的引进、程序学习、小队教学、无学年制、教学内容（课程）现代化等。然而，这些改革都是局部的不系统的，虽然不同程度取得了一定的效果，但是很难从根本上适应经济高速增长和技术革新的需要。②教育本身的情况变化。战后

---

① ［日］水原克敏著：《现代日本的教育课程改革》，风间书房，1992年版，第515页。

婴儿出生的高峰导致了20世纪60年代的入学人数激增，以及高中、大学入学率的上升等带来了学校教育在量的方面的扩充，这就需要对学校教育的情况加以重新认识。其实，上述社会环境和学校教育的变化在1960年前后已经可以看到，而文部省也有了一些相应的对应：中教审于1963年提出了《关于大学教育的改善》的咨询报告，于1966年提出了《关于后期中等教育的扩充整备》的咨询报告。然而，以新学制诞生20年为契机，有必要对学校教育进行全面的重新认识。

接受咨询后，中教审分三阶段进行了调查审议。第一阶段是要对迄今为止的学校教育进行分析评价并找出应予以研讨审议的主要问题，为此，中教审依据文部大臣提出咨询时的三个观点设立了三个特别委员会，用了两年的时间，在调查研究的基础上，于1969年6月向文部大臣提交了《对我国教育发展的分析评价和今后的审议课题》的中间报告。第二阶段是探讨扩充整顿学校教育的基本构想，而第三阶段则是以对将来的预测为基础，探讨扩充整顿学校教育的行政、财政措施。这样，经过了4年时间（跨第八、第九两期中教审），于1971年4月成立了起草委员会，6月正式向文部大臣提交了最终咨询报告——《关于今后学校教育综合扩充、整顿的基本措施》，这就是人们常说的"四六答申"。在这个咨询报告里，中教审会长森户辰男宣称："现在要进行的改革是继明治维新时的第一次教育改革、第二次世界大战后的第二次教育改革之后的维系着国家和社会未来的第三次教育改革。

为什么要提出"第三次教育改革"呢？森户辰男在回顾了第一、二次教育改革的特征后指出：战后以来，国内外的情况都已经发生了很大的变化，具体表现在如下方面：第一，经济、产业的高速增长；第二，信息社会的到来；第三，民主主义的大众化；第四，国际社会的多极化。因此，这一次的"第三次教育改革"，必须强调以下三个立场：①终生教育的立场；②以东洋思想为基础的新的教育立场；③从教育性观点出发的先导的试行的立场。

"四六答申"全文共 10 万多字，主要由以下部分构成：

前言

第一编　关于学校教育改革的基本设想

第一章　今后学校教育在社会中的作用

第二章　关于初等、中等教育改革的基本构想

第三章　关于高等教育改革的基本构想

第二编　今后应采取的基本措施

第一章　综合扩充整顿的基本措施

第二章　制定和推进长期教育规划的必要性

在前言中，"四六答申"是这样论述自己的课题意识的："我国的学校教育现在已经达到了急剧膨胀的程度，估计在今后 10 年内，基于国家、社会的要求，后期中等教育普及率将突破 90%，高等教育也将超过 30%。而且，当今社会还将继续朝着越来越重视开发人的可能性和要求培养自主型、创造型人才的方向发展下去。随着在数量上的扩大，今后的教育应适当处理好在质量上的变化，同时，还必须通过家庭、学校、社会教育体系的整顿，致力于对培养担负新时代重任的青少年来说更为本质的教育课题"。① 也就是说，中教审认为，日本的发展已经从量的发展转变到了质的发展，所以必须整顿与新的时代相适应的新的教育体系（例如通过家庭、学校和社会，从终生教育的观点出发综合整顿全部教育体系），探讨应如何形成新一代的人。

在这样的课题意识的基础上，"四六答申"的主要特征和精神是：①作为能力主义教育政策的"投资"的一环来预测未来、制定教育计划。处在经济高速增长时期的日本，一直是把教育作为人力资源开发的一个环节（能力主义的教育政策），这次的中教审也仍然还是 1969 年的《新全国综合开发计划》及 1970 年的《新经济社会发展计划》在制

---

① 瞿葆奎主编：《教育学文集——日本教育改革》，人民教育出版社，1991 年版，第 268－269 页。

定人才开发方面计划的一个环节以进一步推动经济高速增长：预测劳动力的需要、升学率的上升，推算幼儿教育、特殊教育、先导性试行、教员再教育等的课题经费以及将教员工资、初等中等高等教育改善、研究生院扩充等纳入其中的政策变动值，然后根据国际比较计算"教育投资总额"。②将学校教育、家庭教育、社会教育纳入终生教育体系来考虑。尽管还是能力主义教育政策的时期，可是中教审也认识到经济增长在扭曲人的本性方面的问题，于是期待终生教育来调和二者的矛盾。在最终报告中中教审是这样来分析社会环境对人的形成的新的挑战的：（A）与科学技术进步和经济高速增长相伴随的自然和人的不协调；（B）社会都市化、大众化中连带意识的衰退和主体性的丧失；（C）家庭生活和血缘关系的变化导致其教育性机能降低；（D）虽然人的寿命在延长，但是新的人生设计并未确立；（E）对女性出入社会的不适应；（F）随着国际交流和多媒体发展而产生的价值观的动摇，指出：如何在这些人类尚未体验过的新课题中实现人的真正形成，是今后社会的最大问题。为了解决这些问题，就需要综合性地再探讨教育的整个体系、改善学校教育。中教审认为，人们一向把教育区分为家庭教育、学校教育和社会教育，但是这种区分却容易被误解为是按年龄层对教育对象的区分，而看不到它们在人的形成中具有的相互补充作用，因此必须对教育体系进行综合性的再认识。中教审认为，学校教育是终生教育的基础，它是"使全体国民共同掌握人的形成所必要的基础的东西，同时是按照个人特性的分化，促进丰富的个性和社会性的发展的最有组织的、有计划的教育制度"，① 而家庭教育"让孩子学习基本的生活习惯和行为标准"，培养他们"对人的敬爱之念和虔敬之心"以及"对生活和劳动的认真态度"，② 社会教育则使孩子们通过与"自然、优秀文化遗产"以及"各个年龄层"的接触，"参加目的多

---

① 瞿葆奎主编：《教育学文集——日本教育改革》，人民教育出版社，1991年版，第268—269页。
② 瞿葆奎主编：《教育学文集——日本教育改革》，人民教育出版社，1991年版，第268—269页。

样的集体活动", "促进丰富的人的形成",① 带有浓厚的教育内容国家管理的色彩。中教审关于初等中等教育改革的中心目标之一就是: "政府的任务是, 努力维持并提高公共教育的内容水平, 贯彻教育机会均等, 满足国民的要求, 充实、普及学校教育。为此, 必须广泛赢得国民的理解和支持, 以长期的预想为基础, 有计划地推进切实的政策的实施。"② ④关于学校制度的 "先导性试行" 的提案。如4-5岁幼儿与小学低年级的连贯教育, 初、高中的连贯教育, 小、中、高的新的年龄段区分, 将高等专门学校向其他专门领域扩张等。⑤教育课程的改善。⑥要求与个人的特性相对应, 改善教育方法。⑦充实教员的培养和现职教育 (尤其是新教员) 的提高。⑧高等教育的五种及类型化 (大学的综合领域型、专门体系型、目的专修型, 短期大学的教养型、职业型, 高等专科学校, 研究生院, 研究院)。

(二) 第三次教育改革的展开

在中教审提交咨询报告之后, 文部省很快就于1971 (昭和46) 年7月1日成立了教育改革推进本部, 由文部事务次官任本部长, 成员由大臣官房长、大臣官房审议官以及初等中等教育局、大学学术局、社会教育局、体育局、管理局的局长和审议官构成, 着手使教育改革进入实施阶段。

改革实施的结果, 在量的扩充方面, 如普及幼儿园、充实特殊教育、扩充高等教育等。另外, 在质的改善方面, 如修订教育课程、改善教育方法、改善教育的各种条件、强化教员的培养和研修并提高其待遇等等, 都实施得比较顺利。然而, 一涉及先导性试行 (如创设将四五岁儿童与小学低年级连贯起来的学校, 初、高中连贯的学校) 等要改变初等中等教育的学校体系的改革, 或者是大学的种别化、在种别化基础上的高等教育多样化等要改变高等教育的基本制度、组织结构的改革, 就遭到了

① 同上, 第268-269页。
② 同上, 第273-274、276页。

有关人员的强烈抵抗，最后基本上都是以失败告终。

关于初等中等教育的课程改革和师资方面的改革，将在本章的后两部分详细论述。这里仅就高等教育部分的改革做一介绍。

中教审咨询报告认为，随着高等教育的普及和社会的高技术化，迄今对高等教育的看法和高等教育制度的结构已经不能适应以下五种因素的要求：①对高等教育大众化与学术研究高度化的要求；②对高等教育内容的专业化和综合化的要求；③教育、研究活动的特性及有效管理的必要性；④确保高等教育机构自主性和排除封闭性的必要性；⑤尊重高等教育机构的自发性和整个国家有计划的援助、调整的必要性。因此必须寻求对高等教育的新的解决策略，而这就是要进行的高等教育改革的中心课题。

在这样的课题意识的基础上，咨询报告提出了高等教育改革的 13 个方面的基本设想：①高等教育的多样化；②课程的改善方向；③教育方法的改善方向；④高等教育的开放和资格认定制度的必要性；⑤教育组织和研究组织职能的分离；⑥第五种高等教育机构（"研究院"）的模式；⑦高等教育机构的规模和管理运筹体制的合理化；⑧教员人事和待遇的改善；⑨国立、公立大学设置形态问题的解决方向；⑩改善国家的财政援助方式、受益者负担及奖学金制度；⑪国家关于整顿和充实高等教育的有计划的调整；⑫改善和充实学生生活环境；⑬大学招生制度的改善方向。其中作为制度方面改革的高等教育的多样化是这次改革的一个重点。所谓高等教育的多样化，即按照受教育者的资格和标准学习年数，对高等教育机构进行分门别类，同时按照教育目的、性质来设计课程的类型，并且，在这些类型里，应该建立便于学生按照需要转学的体制。咨询报告将高等教育机构分成 5 种：大学、短期大学、高等专门学校、研究生院、研究院，而大学又设置 3 种课程类型：综合领域型、专业体系型、目的专修型，短期大学则设置教养型和职业型两种课程类型。

1973 年 9 月日本国会通过了《筑波大学法案》。筑波大学的设立是大学改革的典型，它的特点是：①从分类上看，筑波大学属综合领域型大学，肩负着教育和科研双重任务；②在体制上，废除了大学传统上的学部和学科制，组成新的学群、学类和专攻领域；③在管理体制上，实行文部大臣任命的校长负责制，下设校长领导下的人事、总务、财务委员会，学校还设有由校外知名人士组成的参与会，体现大学的开放性；④在课程上实行综合化的改革，把普通教育和专业教育结合起来，把普通教育内容置于专业教育之中，取消二者之间的严格界限。在学群中设专攻、基础、相关和公共科目，把综合科目纳入教学计划，将与主题有关的各专门领域的内容加以归纳、联系，体现学际领域的研究。

继筑波大学之后，日本按照大学改革的方向，设置了一些新型学部和学科。如广岛大学于 1974 年以教养学部为中心，成立了综合科学部，设地区文化、社会文化、情报行动科学、环境科学四个学科。横滨国立大学也从 1973 年起开设综合科目。还有一些大学设立了一些综合科目的学科。为适应科技的发展，很多学校实行了文、理科交叉乃至设置文、理、工跨学科的课程，还设置了一些新兴学科和领域以及跨学科的学科。几乎日本所有的大学都开设了新学科。

以筑波大学的设置为先导，日本的高等教育在设置上有了很大变化。如 1976 年创设的长冈技术科学大学和丰桥技术科学大学就是专门体系型的大学，它们的特点是培养学生的实践能力和创新能力，以培养出对新技术有适应能力的技术指导者。它们的创立，为工业高中和高等专门学校的毕业生开辟了升学途径。另一种新型大学就是新建的兵库、上越、鸣门等教育大学，它们是基于社会发展对教员素质的高要求而设置的，是属于大学中的目的专修型，是培养教育者的素质和能力的专门教育机构。

另一种学校是 1976 年根据《学校教育法部分修改案》在"各种学校"的基础上发展起来的专修学校，以培养对职业和实际生活所必需的能力，或谋求提高教养程度为目的。专修学校的性质在于它既不是完全意义上的短期大学，也不是中专，而是适应不同对象、不同学力者接受教育的职业训练机构。它设有以初中毕业生为对象的高等课程，以高中毕业生为对象的专门课程，不问入学资格的一般课程。专门课程相当于短期大学，作为广义高等教育的一环；高等课程是作为广义的后期中等教育；一般课程是从终生教育的观点出发，提高学习者对职业和实际生活所必需的知识、技术等的学习和兴趣。专修学校的课程设置、实际社会生活的方方面面，由于它具有课程设置灵活多样、学制短、专业性强、容易就业等特点，深受社会各界及学生和家长的欢迎，从 1976 年到 1981 年的 5 年间，学校数增加了近 4 倍。

（三）第四次课程改革

在能力主义原则和结构主义课程论指导下的第三次课程改革造成了大量跟不上学习进度的学生，而且，学力社会的顽固及 20 世纪 60 年代后期形成的"日本式雇佣"使职业课程学生出路并不好，高中细分化的课程也不适应科技日新月异的发展，而人力资本论的私人投资效益说使高中入学率急剧上升，到 1970 年达到 82.1%，到 1975 年已达到 91.9%，这加剧了高中升大学的考试竞争，而高中课程的分化则使这种竞争不断下移且日益激化，从而，产生了这样一种不正常的"一贯性"：大学考试规定高中课程、高中考试又规定初中及小学课程。这种一贯性造成了课程和学习的极端划一主义、形式主义，从而抹杀了学生主动学习的兴趣和欲望，并严重破坏了儿童正常、健康的生活，引起了广泛的"教育荒废"问题。

为了解决上述第三次课程改革造成的问题，也受政府积极推进第三次教育改革的影响，日本进行了第四次课程改革。

第四次课程改革是指 20 世纪 70 年代中期（以 1973 年教课审接受文部大臣《关于小学、初中及高中教育课程的改善》这一咨询为标志）到 20 世纪 80 年代中期这一期间所进行的课程改革。包括 1977 年小学与初中、1979 年高中学习指导要领的修订。

　　这次《学习指导要领》改订的目标如下：①培养具有丰富人性的学生；②安排学生过充实而有余裕的生活；③重视作为国民所必需的基础知识，同时根据学生的个性与能力进行教育。这里的所谓"人性"只是 1968 年以来道德教育的继续，只是这次更重视非理性的"陶冶"，"基础"、"能力"自不待言，而"个性"仍是 1968 年以来的"职业选择"，"有余地"只是为了缓解学生过重负担，尽可能还是要"充实"。因此，可以说改革的根本指导思想仍是能力主义的，为解决现实问题而进行的各方面调整是在能力主义范围内进行的。

　　《学习指导要领》修订的主要内容是：①关于《要领》的基准性。《要领》的内容少了一半左右，减少了过细的规定而成了"大纲性基准"，这样，可以发挥学校和教师的创造性。然而，虽然内容减少了，但用词抽象，而解释权却在文部省；②重视初中与高中的一贯性，从小学到高一都是基础教育；③重视道德和体育以及劳动"陶冶"，社会科中的基本法精神被褊狭的爱国主义挤到一边；④小学、初中的理数等科目减少了过难过深内容，也减少了各学科的课时，但特别活动课时增多，因此，总体上看，课时无多大变动，儿童仍几乎没有自由时间；⑤高中以"精选"和"多样化、灵活性"为课程编制原则，减少了必修课时而增设了许多选修课。选修科由细分的专业变为类型课程，允许普通高中设特色课程而成为"特色学校"，可"按习熟度编班"。

　　在中教审 1971 年的咨询报告中，关于课程改革的基本设想为："贯穿学校教育整个阶段的、一贯的课程的重点，应该在让学生认真掌握精选出来的、标准的、基本的教育内容上。经过了这个阶段以后，再按照个人的能力和能力倾向等的分化，把多种课程转移到选修阶段。"[①]在这个基本设想的基础上，咨询报告提出了两个应该特别研讨的方面：

---

　　① 瞿葆奎主编：《教育学文集——日本教育改革》，人民教育出版社，1991 年版，第 277 页。

①实现小学到高中课程的一贯性；②适应学生的能力、能力倾向、志愿、发展合适的、多样化的高中教育内容。应该说，中教审关于课程改革的基本精神在这次课程改革中都得到实施了。

《要领》颁布后，一般家长对减少标准课时和小学、初中过难过深内容这一举措表示欢迎。一般认为，上述措施在一定程度上减轻了学生负担，但也为补习学校等私塾的教育大开方便之门。另外，学科内容中的褊狭爱国主义及非理性因素、不重视儿童的自主、自由活动等受到民间有识之士及组织如日本教职员工会的批评。高中的专业类型选修克服了细分化不适应科技变化的缺点，但仍没有排除学校的序列化；按"习熟度"编班强化了学生之间的能力差别，更刺激了考试竞争，而特色学校在实践中易变成各种补习学校。

第二节　20世纪80年代深化的第三次教育改革

深化第三次教育改革的主要对策

日本政府本着"最大限度地尊重咨询报告的精神，尽快将其付诸实施"的方针，在第一次咨询报告提出的同时就在内阁设立了由全体内阁成员构成的教育改革推进阁僚会议，在文部省设立了以事务次官为本部长的教育改革推进本部。而在临教审的最终报告提出之后不久的1987年10月6日，内阁会议通过了《关于当前教育改革的具体措施——推进教育改革大纲》，文部省则设置了以文部大臣为本部长的教育改革实施本部。在这样的体制下，为了实施临教审咨询报告改革方案，陆陆续续制定或修正了相关的一些法律或政令、省令。而且，为了检讨一些基于咨询报告精神的更具体的措施，各种相关的审议会和协作者会议又进行了相关的审议和调查研究。

《关于当前教育改革的具体措施——推进教育改革大纲》的目的就

是要以临教审的咨询报告提出的教育基本模式和教育改革的视点为基础，努力促使那些涉及多种领域的建议付诸实施。《大纲》的主要精神（方针）如下：①完善终生学习体制；②改革初等中等教育；③改革高等教育；④振兴学术；⑤适应时代变化的改革；⑥改革教育行政和教育财政；⑦在政府中设立教育改革推行机构。通过与临教审咨询报告内容的对比，我们可以看到日本政府要彻底贯彻临教审咨询报告精神的决心。

具体说来，临教审之后，日本政府在教育的各个领域深化第三次教育改革的主要措施是：

1. 初等中等教育方面

（1）1989 年学习指导要领的修订

在临教审的咨询报告中，关于初等中等教育改革的第一项就是改革教育内容，内阁 1987 年的《教育改革推行大纲》更是把学习指导要领的修订提上了日程。受终生教育思想的影响，日本政府为了加强幼、小、初、高教育之间的衔接，第一次对这些不同教育阶段的教育要领、学习指导要领一起修订。

（2）加强德育

临教审报告在改革教育内容方面的第一个建议就是充实德育，要求重视"生存方式"的教育，促进学生的自然体验学习，中心选择"道德"课程的内容，并相应地改进师资的培养。基于这一精神，文部省在学习指导要领的修订、教育预算等方面都将德育置于很重要的地位并采取了若干措施。首先，在 1989 年学习指导要领的修订中，其基本方针首先就是充实德育（通过整个教育活动，按幼儿、中小学生的发展阶段和各科的特点，设法培养精神丰富、体魄健全、生动活泼的人）；而在教育预算中则增加了振兴德育的有关预算，例如，1987 年度的预算中，列入学校道德教育振兴事业的经费，以设法推进扩充"自然教室"等事业，1988 年度预算中，又新列入两项振兴道德教育事业的经费：一是推进服务活动等体验学习的研究经费，二是道德教育用补充教材的调查研究费。文部省还指定道德教育推进学校，编写与分发教师用指导材料，举办校长等指导者培训讲座，研究与开发道德教育用乡土教材，并在学习指导要领颁布后颁发了给教师用的正式教材——《道德教育指导提纲》及录像带。各都、道、府、县教育委员会也纷纷健全道德教育领导体制，设立了"道德教育振兴会议"、"夜间电话教育咨询研究推进会议"、"欺侮弱小同学问题对策本部"、"儿童健全育成综合中心"等，以推进与振兴学校道德教育事业。

（3）促进后期中等教育的多样化

以前也有提后期中等教育的多样化，但主要是从课程设置多样化的角度。而基于临教审报告的后期中等教育改革，主要是后期中等教育结构的多样化，其中包括新设立六年制中等学校和学分制高中等，高中学习年限的弹性化，新生录取方法和基准的多样化等等。

临教审第一次咨询报告就建议增设六年制中等学校和学分制高中。基于这一建议，文部省于1986年6月设立了"推进中等教育改革调查研究协力者会议"，研究设立六年制中等学校和学分制高中的具体方案。1986年10月该协力者会议提交关于学分制高中基本构想的报告，其基本思想是：学分制高中是终生学习的机构，招生对象广泛，既招收应届初中毕业生，又招收未上过高中或高中未毕业已就业的青少年和成人，既招收正式学生，又招收学习某学科或某科目的社会成员，同时，也对高中毕业者进行再教育；入学考试不进行学力检查；授课形式采用定时制和函授制，充分利用广播和电视教学，昼夜开课，也可以开设周末课程；对在高中以外教育机构修的学分也予以承认。按照上述建议，文部省以定时制、函授制高中的特殊形式，将学分制高中制度化。到1989年7月，有5个县新设了学分制高中，还有很多县就设立学分制高中进行积极的研究。由于学分制高中招生对象广，上课形式及时间灵活，便于人们学习，因而很受欢迎。

1988 年 3 月上述协力者会议提出了"关于六年制中等学校的设想与课题"的报告。文部省接受其报告后，在观察地方教育委员会对六年制中等学校的态度的同时，继续研究有关问题，并作为中期性课题，为设立六年制中等学校而修改《学校教育法》。当时有很多地方设立了一些各种类型的六年制中等学校，如东京大学附属中学是把六年分为三期：第一期是基础期（前两年）、第二期是充实期（两年）、第三期为发展期（后两年）；佐贺市则新设了一些有特色的六年制中等学校。然而，大多数地方教育委员会还是持审慎态度，所以日本的六年制中等学校发展迟缓。

1988 年 11 月，《学校教育法》修改，定时制和函授制高中的修业年限由"四年以上"改为"三年以上"，从而可以更为有效地发挥学分制的长处。1988 年 10 月文部省修改省令，高中也可以 9 月入学，便于归国子女插班学习。1988 年 2 月修改文部省令，高中生的海外留学得以制度化。1988 年 7 月文部省又组织"高中个性化调查协力者会议"，研究全日制高中采用学分制问题、学年制与学分制的关系问题、学校间实行学分互换的问题、改善职业教育等问题。在这种形势下，日本地方政府也在积极进行各种有关试验，如普通高中与职业高中之间的协作与学分互换，高中入学考试制度的改革等，从而推动了日本高中不断向灵活化、个性化、多样化方向发展。

（4）提高教师的素质

临教审报告关于提高教师素质的建议主要有三点：改进教师培养工作、改革教师许可证及教师录用制度；建立新任教师进修一年的制度；实现教师在职进修的系统化。基于以上精神，日本政府主要进行了如下改革：

①实施新任教师进修一年的制度

新任教师进修制度的主要内容是：国公立中小学新教师在录用后的一年内，有义务在指导教师的指导下，从事教育活动和进修；有新任教师的学校要配备特别的指导教师，并确立起在校长领导下的全校教师协作指导体制；把新任教师的试用期由半年延长为一年。

新任教师的进修地点一般都是在本校和当地的"教育中心"，也有"海上进修"、参观民间企业的培训与教育设施、参观各种文化设施等。其进修的内容是：在指导教师的指导下任课并担任班主任，学习制订教学计划、编写教案、研究教材、班级管理、道德指导和保健安全指导等知识与经验。

新任教师进修制度1987年度开始在部分地区试行。1988年5月部分修改《教育公务员特例法》和《地方教育行政组织与运营法》，决定自1989年度起按小学、初中、高中、特殊学校的顺序，分期分批地实施新任教师进修一年的制度。到1992年度，所有中小学都完全实施了这一制度。

②修改《教育职员许可法》

日本国会于1988年12月21日通过了部分修改《教育职员许可法》法案，并于12月28日公布，决定自1989年4月1日起实施。其修改要点是：修改许可证的种类和基准，把现行的"普通许可证"改为"专修许可证"、"一种许可证"以及"二种许可证"，其中"专修许可证"是新设的，基础资格是要求研究生院毕业，其目的在于吸引研究生院的毕业生任教，并鼓励在职教师为取得上一级许可证积极进修；新设"特别许可证"，以适应学校教育多样化的要求，可以招聘有社会经验者任教；新设"临时讲师制度"，使没有许可证者也可以任教。

③加强教师的在职进修

日本一向重视教师的在职进修，而基于临教审关于教育改革的精神和"在职进修系统化"的建议，主要有以下一些进一步加强教师在职进修的措施：设立专门机构——提高教师质量联络会议，专门研究教师进修等问题；把研究生院硕士课程适当纳入教师的在职进修体系，增派在职教师到新的教育大学研究生院进修；进一步加强教师在道德教育、信息处理教育、外语教育等方面的进修，以适应加强德育、教育信息化、国际化的需要；为指导全国各地区实施教师的在职进修，文部省组成"教育方法改善调查研究协力者会议"，编辑提高教师指导能力的手册等。

而在日本政府的有力推动下，日本各地区开展了富有特色的教师在职进修活动，如派职业科教师到企业进修，设立"技术教育研修中心"等。

2. 高等教育方面

(1) 设置大学审议会

为了能从根本上对日本的高等教育模式进行研究审议，并向大学提供必要的指导和帮助，临教审报告建议政府设立"大学审议会"。接受此建议，文部省于 1987 年 9 月设立了大学审议会，并于同年 10 月就"大学教育研究的高度化个性化、及活性化的具体措施"提出咨询。1991 年 2 月，大学审议会就此提出了 5 个咨询报告：《关于大学教育的改善》、《关于学位制度的修改及研究生院的评价》、《关于学位授予机关的创设》、《关于短期大学教育的改善》、《关于高等专门学校教育的改善》。在这之前，大学审议会还于 1988 年 12 月提出了《关于研究生院制度的灵活化》的咨询报告，并陆陆续续就大学改革的各个领域的问题提交了分会报告。此后，大学审议会又不断根据大学改革的实际问题进行了多项审议，在大学改革中起到了很重要的作用。

(2) 开放高等教育机构

为适应日本社会信息化、国际化和建立终生学习体系的需要，日本的高等教育机构逐步由封闭型向开放型转化。其具体表现为：高等教育机构之间相互开放；各级各类高等教育机构向社会和国际开放。

高等教育机构之间相互开放主要是通过：加强教师和研究人员之间的交流；委托国内国外的其他大学和研究所协助指导学生的研究及审查论文；在大学、短期大学、高等专门学校、专修学校的专门课程、职业训练机构之间，实施学分互换制度来进行。而高等教育机构向社会开放，一方面是建立高等教育机构对社会成员的再教育体系：放宽对大学、研究生院入学资格的限制，大学、短期大学、研究生院硕士课程开设夜间部，实施昼夜上课制，面向当地居民举办公开讲座，开放大学的体育设施和图书馆，加强大学师资与民间学者的交流，1981年、1982年公布的大学、短期大学函授教育设置基准则促进了大学函授教育的发展；另一方面则是在人才培养和学术研究方面加强产学合作。

（3）充实与改革研究生院

随着日本高中教育的普及和高等教育的发展，日本的研究生教育也在发展。然而，与国际先进水平相比，日本的研究生教育发展水平还较低，而且也不适应科技日新月异发展的需要，这当然也不能适应日本"科技立国"的国策的需要。据日本学术审议会1984年2月"关于改革学术研究体制基本措施"的报告预测，到2000年日本尚需要研究生院毕业的研究人员60万，而日本的博士研究生毕业生每年只能提供所需人数的一半。所以，在临教审的第二次报告中即建议"大幅度充实和扩大研究生院"，而大学审议会提出的第一个咨询报告就是《关于研究生院制度的灵活化》（1988年12月）。尊重上述咨询报告的精神，日本政府于1989年9月1日公布新修订的《研究生院设置基准实施规则》，使研究生院制度的灵活化进入一个新阶段。其主要措施如下：

①增加预算

为加强大学的基础研究、培养富有独创性的高科技人才，从1987年度开始，日本政府采取预算措施，促进取得优异业绩的国立、公立、私立研究生院完善教育与研究用尖端设备。在1986、1987年度的文教预算中，有关经费由1986年度的26亿日元骤增到1987年度的34.72亿日元（其中31.6亿日元是完善尖端设备的），而1988年度又比1987

年度多了 26 亿日元。

②研究生院的多样化

研究生院的多样化主要是指其培养目标、类型、课程的多样化。

培养目标的多样化。1989 年修改的《研究生院设置基准实施规则》使博士课程的培养目标由只培养"研究者"发展成既培养"研究者"又培养"高级专门人才",实现了培养目标的多样化。

类型的多样化。战后初期,日本的研究生院设在基础雄厚的大学学部里,研究生院是附属的,既没有独立的预算,也没有独立的教师编制和设备,难以保证质量。为适应日本社会对培养高级科技人才的需要,日本政府于 1976 年部分修改《学校教育法》,确立独立的研究生院制度。于是,独立研究生院(没有学部组织)、独立研究科(没有作为其基础的学部)、独立专攻(没有作为其基础的学科)等应运而生。日本第一所独立研究生院——综合研究研究生院大学(本部设在横滨市)于 1988 年 10 月成立。该校的突出特点是:其基础不是大学的学部,而是大学共同利用研究机构(高能物理学研究所、国立遗传学研究所、国立民族学博物馆等)。1989 年,另一所独立研究生院——尖端科学技术研究生院于 1989 年度进入创设准备阶段,以积极推进信息科学、材料科学、生命科学等尖端科学技术领域的基础研究,培养高级研究者和高级技术人才,并对社会成员进行再教育。之后,各大学的研究生院纷纷设立独立研究科和独立专攻。另外,日本政府为便于只设硕士课程的大学设立博士课程,又发展了"联合研究生院"。进而,为适应综合科学、边缘科学发展的需要,培养一专多能的人才,日本的大学从 1985 年开始设立"综合研究生院",即同一所大学内的两个以上学部联合设立博士后期三年制专攻。随着研究生院的发展,日本又拟建立或发展以研究生院为主体的大学——研究生院大学。

课程设置的多样化。主要是指《研究生院设置基准》的修改(1974 年)使研究生院的博士课程可以分为前期两年(硕士课程)加上博士后期三年的累积方式和五年一贯制两种，从而丰富了研究生院的课程设置种类。

③研究生院制度的灵活化

研究生院制度的灵活化，是指日本政府通过修订有关法令，使研究生院的入学资格和修业年限放宽，学期制、入学日期灵活化，减少毕业生应修得的学分数，增加学位种类，实施学分互换、累积加算等。

（4）加强学术研究

临教审在第二次咨询报告中建议，日本的学术研究在过去的现代化过程中多注重科学的应用及其技术化而忽视基础研究，今后则应该加强大学的学术研究，从而为日本将来的发展奠定基础，也对国际社会作出贡献。基于此精神，日本政府主要采取了以下振兴学术研究的措施：

①增加学术研究费

为促进学术研究机构开展基础研究，日本政府逐年增加学术研究振兴费和科学研究补助费，而这些经费重点面向的对象是：推进重点领域（加速器科学、宇宙科学、核聚变研究等）的研究，振兴独创的尖端基础研究，奖励年轻优秀的研究者，推进国际学术研究等，而这些课题的主要承担者是大学及其附属研究所。

②为提高科研经费和设施设备的利用率，发挥科研人员的综合优势

日本政府特别重视增设与充实大学共同研究机构，在20世纪70年代设立的高能物理研究所等6个共同研究机构的基础上，20世纪80年代又新设立、改组成立了宇宙科学研究所等许多这类机构，以重点推进加速器科学、宇宙科学、核聚变研究、海洋科学、生命科学、地震预测、火山喷火预测、南极地区观测事业等重点的基础研究。

③建立官产学协作流动科研体制

日本从1981年度起实施"创造性科学技术制度"，用经济手段促进

整建以人为中心的流动科研体制，即：为充分发挥研究人员的独创精神，打破组织界限，采用以人（课题负责人）为中心的独创精神，使现有的国立实验研究机构（官）、大学（学）、民间企业（产）的优秀年轻研究人员及国外优秀人才，在保留原单位隶属关系的前提下，在一定时间参加某一课题的研究，以加强开拓性的基础研究。课题研究告一段落，课题组即解散，其组员各自回原单位。这一制度的实施，促进了官、产、学开展协作研究，建立起了官产学协作研究体制。

④创设特别研究员制度

为培养富有创造性的年轻研究人才，日本政府从 1986 年度起，创设"特别研究员制度"，选拔 33 岁以下的有博士学位者或有同等以上研究能力者，或者是研究生院博士课程（后期课程）在籍学习一年以上有出色研究能力者为特别研究员，发给研究奖励费和研究费，以使他们专心从事科研。1988 年又创设"外国人特别研究员制度"，以促进研究者开展流动性研究，加强年轻研究者的国际交流。

⑤加强产学协作研究

具体措施主要是：实施共同研究制度、委托研究制度以及接纳研究员制度。

共同研究制度。此制度于 1983 年创立，它是为了促进大学与民间企业进行研究协作。国立大学等高等教育机构接纳民间企业派遣的研究人员，运用民间企业提供的研究费，由该大学的教师和企业的研究人员共同研究某一课题。

委托研究制度。国立大学等高等教育研究机构接受产业界的委托，由委托者负担研究费，由该大学的教师进行某一课题的研究。

接纳研究员制度。为使日本民间企业适应高技术发展的需要，开展独创性技术开发，日本的国立大学等高等教育机构接纳民间企业派遣的理工科方面的研究与技术人员，对他们进行研究生院一级的研究指导，提高其研究水平，并对企业进行技术上的援助。

⑥加强学术的国际交流与协作

主要是进行研究者的交流、互派留学生、参加国际机构组织的多国间协作、开展两国间协作等。其中，于 1987 年新设了用科研补助费开展"海外学术研究"的大学间协作研究，1988 年则新设"海外学术研究"的共同研究，且发展迅速。

3. 终生学习方面

（1）文部省设置终生学习局

为了积极地向终生学习体系过渡，临教审报告建议：应调整与完善文部省组织体制，将文部省社会教育局改组为专门负责终生学习的行政部门。于是，文部省于 1988 年 7 月把"社会教育局"改为"终生学习局"。终生学习局除了社会教育局原有的社会教育课、青少年教育课、学习情报课、妇女教育课外，还增设了"终生学习振兴课"和"专修学校振兴室"。终生学习局企图以终生教育的观点为基础来统筹、协调学校教育、社会教育以及文化和体育运动的振兴，并与有关终生学习的其他行政机构进行沟通和协作。这样一来，终生学习局从原来不起眼的社会教育局一跃而成了文部省的第一大局。

各都道府县也设置了负责终生学习的部局，甚至设置了"终生学习推进会议"等由行政界人士、教育界人士以及企业代表等构成的联络协调组织。

（2）制定终生学习振兴法，设置终生学习审议会

日本于 1990 年 6 月制定了《关于振兴终生学习，完善其实施推进体制的法律》（所谓"终生学习振兴法"）。终生学习振兴法主要规定了都道府县的终生学习体制，提出了振兴社区终生学习的基本构想，建议设置终生学习审议会等。

按照上述法律精神，同年 8 月文部省设置了终生学习审议会。而1992 年 7 月，审议会提出了题为《关于适应今后社会变化，振兴终生学习的措施》的咨询报告，展示其关于振兴终生学习的基本思路以及

当前应该解决的课题。各都道府县也陆续设置了终生学习审议会，到1995年，已经有33个都道府县设置。

日本地方政府通过终生学习推进会议或终生学习审议会对当地的终生学习问题进行审议，从而制订当地振兴终生学习的基本计划或基本构想。许多的都道府县还设置了"终生学习推进中心"，作为当地振兴终生学习的根据地，主要提供学习方面的信息或把握当地居民的学习需要，开发学习程序等。

第三节　进入20世纪90年代的加速转变

（一）整体化的大众方向

进入20世纪90年代以后的日本社会由于呈现出以下一些特点而促使日本的教育改革沿着整体化的大众方向发展。

1. 经济增长减慢，财政紧张

日本在20世纪80年代经济增长的速度已经开始减慢，在1983年至1990年的实际经济增长率只有4%左右（之前的新经济社会发展计划期间即1970—1975年间为10.6%，经济社会基本计划期间即1973—1977年间为9.4%，1976—1985年间也在6%左右），而到了1988年以后，却一直只有3.5%左右的增长，甚至在1998年，因为受东南亚金融危机等因素的影响，居然出现了负增长（−0.4%）。

而在经济增长减慢，中央财政比较困难的情况下，行业三角同盟的存在就直接导致了中央政府与部门政府的对立和矛盾。中央政府为了解决这一问题，就诉诸媒体，利用市场学说将矛盾转化为消费者与生产者的矛盾，希望得到消费者（广大民众）的支持。这样至少导致了以下后果：政策制定过程的公开化、大众传媒等民意反映机构对政策制定的影响增大。

2. 少子化

在1971—1974年战后第二次婴儿出生高峰之后，日本的出生数和合计特殊出生率（即平均一个女性一生所生的儿童数，其统计涵义是：某一年从 15 岁到 49 岁的所有女性的年龄和出生率的合计值）基本上是在持续下降。尤其是 20 世纪 90 年代以来，出生率更是呈明显的下降趋势，到 1995 年合计特殊出生率只有 1.42％，远远低于维持现在人口数的必要出生率 2.08％。这就是日本的"少子化"问题。当然，在发达国家中，基本上都不同程度地存在这一问题。然而，日本是仅仅比德国和意大利出生率高一点点的"少子化"问题比较严重的国家，其他国家，例如美国的合计特殊出生率在 1993 年是 2.05％，英国 1993 年是 1.76％，瑞典 1994 年是 1.88％。

日本的"少子化"现象主要是由于 20 世纪 70 年代以来青年男女的晚婚化所致。据统计，1985－1995 年十年间，25－29 岁女子的未婚率由 3 成上升到 5 成，30－34 岁女子的未婚率也由 1 成上升到 2 成。现代青年男女因为喜欢独身的自由所以晚婚，但是不能否认的是，女性进入社会，经济实力得到提高是一个重要因素。日本的传统家庭的育儿工作主要是由女性担当，做父亲的一般不过问，这样，女性会觉得负担很重，所以在可以工作并有一定经济能力的时候，不太愿意结婚生子。当然，日本的雇佣制度也是影响职业妇女结婚生子的一个重要因素；因为生子而不得不辞掉目前的工作，即使是产后仍然参加工作，也很难兼顾育儿和工作。

"少子化"对日本的主要影响为：①社会保障方面。据估计，因为平均寿命的延长和"少子化"，到 21 世纪中叶，日本每 3 个人中就有 1 人超过 65 岁从而进入所谓"超高龄社会"，这将进一步加重日本的社会保障负担。②经济方面。一方面因为"少子化"和"高龄化"，将来日本人口中生产年龄人口的比例将进一步降低，这将极大地影响劳动力供给市场、产业结构以及消费市场等等，从而很有可能降低日本的经济活力；另一方面，因为生产年龄人口比例的降低，走向社会的女性将更多。③教育方面。"少子化"直接影响了学校的生源，因此学校对学生的选择将逐渐让位于学生及其家长对学校的选择，教育业将更加具有服务业的特征，而学生及其家长作为消费者的地位将日益加强。另一方面，因为少子化，把每一个儿童都尽量养育好的问题就更加重要，所以整个社会都将更加关心儿童的养育和教育问题。在家庭中，育儿的条件将更加宽松，做父亲的将更多地关心孩子的养育和教育问题。

3. 民众权利意识增强

由于日本经济的发展和后期中等教育的普及以及高等教育的大众化，国民生活水平以及文化素质都得到提高，从而大大增强了民众的权利意识和个人意识。这样，教育政策的制定再也不能打着"多数人意见"的旗号只以国家利益为基础来进行精英教育了，个人的多种多样的教育需求也要求得到满足（哪怕仅仅是少数人的要求）。

其中值得注意的是，随着知识集约型的产业在产业结构中的比例不断增加，中产阶级（所谓"都市新中间层"）的力量也在不断壮大。中产阶级认为教育和学习是一种个人的行为，他们普遍比较关心自己和子女的教育问题。

4. 国际化与教育引入市场机制

伴随经济的全球化，以及通信、交通等的发展，环境问题等人类共同问题的增多，尤其是以 internet 为代表的信息高速公路的飞速发展，极大地加快了国际化的进程。在这种环境下，由于市场急剧的国际化，劳动力的配置也超越了国界，国际上具有普遍性的思维方式、价值观和行为等等对人们的影响增加，国家想再把学校教育作为强化国民同一性的手段已经变得越来越困难，教育政策也不再仅仅只是国内政策，所以教育改革也不能再仅仅只是由国家来主导。

因而临教审在最初会提出"教育自由化"的路线，要求淡化教育行政的作用，将教育引入市场机制。市场机制的涵义就是要重视市场各种因素（其中一个重要的因素就是消费者和各种民间的教育机构）的积极作用，这样，学生及其家长就从过去的被动"受教育者"、"被挑选者"转为"教育消费者"和"挑选者"，跑到了教育改革的前台，而民间的各种教育机构也各显神通，不再只是公立教育机构的陪衬。

由于以上因素的影响，20世纪90年代的日本教育改革在整体上呈现出大众化的倾向：

首先，在公共教育的目的方面。日本的公共教育向来带有很强的国家主义色彩，战后很长一段时期内教育政策都是经济增长政策的一个环节，因此教育行政的国家统治色彩很强，"选别"的精英教育盛行。而20世纪90年代以来，满足公众的多种多样的教育需求作为公共教育目的中一个很重要的部分越来越得到重视和强调，"多样化"不再只是中等教育机构"选别"精英或者高等教育机构序列化的手段或者"教育荒废"的对策，而是整个教育领域为满足多种多样教育需求的方针。其中一个很显著的例子就是义务教育的涵义发生了根本的变化：以前的义务教育强调的是学生受教育的义务，而现在更多强调的是国家保障受教育者的教育需求得到满足的义务，所以明治时代就已经100％入学的初等教育现在再也达不到100％了，因为儿童只要有其他途径保障其受到良好的教育就可以不用去学校。

其次，就受教育的对象（或曰学习的主体）而言，以高中教育的普及和高等教育的人众化为标志，以及学校等教育机构出台一系列的向公众普遍开放的措施，可以说，日本的教育改革是在朝着向大众普遍开放的方向发展。

第三，教师和教育机构方面。传统的教师观念是一种"师范观"，以为从事教育这一职业的必须是那些受过特定教育的人，而现在，一方面由于教育的多样化（人们不断变化的多种多样的教育需求以及相应的多种教育内容），尤其是在一些比较新、变化比较快或者实践性很强的领域，如信息教育、消费者观念及相关法律的教育、烹调等等，传统的教师队伍已经很难胜任，需要大量聘用社会人士做教师——即特别非常勤讲师；另一方面也反映出这样一种观念的变化：只要能够提供所需的教育服务，许多人都可以做教师。我们可以说，教师队伍也大众化了。另外，学校的经营管理也在走向大众化：学校的开放不止是学校设施向社区开放，而且也是学校的经营管理向社区开放，反映社区和儿童监护人对学校经营管理的意见。而教育机构的大众化主要表现为：国立、公立教育机构在公共教育中的特殊地位的消退，私立教育机构在公共教育中的合法性地位得到确认，自由化带来了各种教育机构之间的平等竞争。事实上，近一些年来，由于自由化，许多国家的私立教育机构的规模都得到了相当的扩大。

第四，教育政策与行政。日本的教育政策的制定虽然基本上都是在各种审议会审议的基础上进行的，然而，传统的审议会的成员都是由官方指定的，主要是经济界等各个利益团体的代表，审议的过程也不公开，许多的审议结论（咨询报告的精神）都是"密室"决定。现在，以中教审为代表的教育审议会的委员的人选也开始考虑到比较能代表民意的人，在审议的各个阶段都有"广报"等信息发布。我们可以说，过去的教育改革的支配者基本上是政府及其反对力量在野党、日教组等等，现在，政策的制定已经不能不考虑广大民众（学生及其家长）的意愿了。同时，教育行政方面，"规制缓和"的呼声也越来越高，制度方面趋向于不再规定得那么细那么死，朝着更进一步灵活化的方向发展。

大众化往往与民主化等等联系在一起，但是，在大众化的进程中也有反民主精神的因素。例如，大众传媒有传递民意、监督政府等机构的作用，可是另一方面，在防范政府控制的同时，大众传媒也在相当程度上控制了大众。再比如，虽然"规制缓和"的呼声要求行政管理更放松更灵活，可是由于高等教育的大众化，大学反倒失去了精英时代的自由，所有的大学不得不受到统一规定的制约。

（二）个性化的模式

临教审的第一次报告即提出：重视个性是第三次教育改革的最重要的、贯穿始终的基本原则。报告认为，尊重个性的原则就是要打破教育中根深蒂固的弊病即划一性、僵硬性、封闭性和非国际性，确立尊重个人尊严和个性、自由、自律、自我负责的原则，并以此来重新审视教育的内容、方法、制度、政策等教育的整个领域。

为什么要把尊重个性作为教育改革的最基本的原则呢？报告主要是从两个方面来加以论述：①日本明治维新以来的教育重视效率、连续性和稳定性，但也存在僵化划一、不注意个人尊严、不尊重个性、忽视培养自主精神、没有充分考虑个人的独特性和自由等缺陷；②为了适应完成经济高速增长的日本社会所出现的变化，为了适应面向 21 世纪社会的发展方向。实际上我们可以这样说，完成经济高速增长的日本要继续在国际竞争中获取优势，就必须在整个社会建立一种有利于创新的机制，确立每一个个体（个人和各个机构）的主体地位，尊重个人尊严和个性、自由，发挥其主动性和积极性，并促使每一个个体都具备自律、自我负责的精神。而为了在整个社会形成尊重个性的风气，就必须让每一个个体都要不封闭，要尽量了解自己和别人、别的机构、民族、国家的个性并予以尊重。当然，除了上述为了适应社会变化的因素外，重视个性也是解决日本业已存在的教育问题的一个对策：随着价值观的多样化、高等教育的大众化等，以往那种划一、僵硬、封闭的教育已经不能适应人们的需要，甚至是"教育荒废"问题的一个重要原因，人们对学校教育的信赖也因此降低。

在临教审之后的教育改革中，尤其是进入 20 世纪 90 年代以来，重视个性几乎成了最关键的词语。当然，虽然人们都在使用"个性"这一词，但往往对"个性"的理解也各有不同。在临教审的最终报告中，"个性"常常是与"创造性"连在一起，是面向 21 世纪的可以让日本在国际竞争中继续处于优势地位的人才所必备的素质。而在第三次报告中，"个性"又与"能力差异"等联系在一起，以"尊重个性"为名，把已经实施很久的（高中）教育"多样化"正当化，主要把它作为解决"教育荒废"问题的一个对策。而第一次报告又强调，"所谓个性，不仅仅是个人的，也包括家庭、学校、社区、企业、国家、文化、时代的个性"，鼓励建立特色学校、特色社区等。而在学校的具体操作中，"个性教育"主要表现为"个别化教育"，其中又分为"指导个别化"和"学习个别化"。所谓"指导个别化"主要是为了让学生更好地达到共同的学习目标，根据学生的学习情况准备多种学习内容和方法，以保障所谓"基础学力"（以认知性内容为中心）。实际上，"指导个别化"主要是为了帮助那些不适应集体教学的跟不上学业的学生，主要是一种适应"个别差异"的教学而不是"个性教育"。而"学习个别化"则是尊重学生在学习中表现出来的兴趣、对事物的看法、思维方式、感受方式等，并有意识地促使其得到发展，其目的是通过让学生选择或设定学习课题以及学习顺序等，一改过去那种被动接受的学习态度，培养其主体性的、自主性的学习态度，发展其个性。然而，彻底的"个别化"教学是与学校教育不太相宜的，所以各种私立学校（"塾"，很多是一对一的即"man to man"）更是有了存在的正当理由，并在自由化的政策精神下得到了大力发展。为了促进学生个性的发展，除了私塾外，学校制度方面，文部省还大力推行可以让学生实现多种选择的学校制度的实现：1997 年 6 月中教审咨询报告建议在学校教育中运用中、高一贯教育制度，创设中等教育学校等，1998 年 6 月则因此改正了《学校教育法》等的相应条款，从 1999 年度开始由各个县开始积极筹备；根据 1997 年 7 月文部省令的有关改正，从 1998 年度开始实施缓和对大学入学年龄的限制；根据 1997 年 12 月大学审议会咨询报告的建议以及相应的 1998 年 6 月《学校教育法》等相关条款的改正，预定从 1999 年度开始将专门学校的毕业生纳入大学招生范围；从 1998 年度开始在各都道府县强化幼儿园和保育所的协作；此外，文部省将大学入学考试、高中入学考试的改善、公立小学和初中的上学区域的弹性化都已列入改革日程。我们可以看出,教育改革中的"多样化"、"弹性化"乃至"自由化"都可以纳入"重视个性"这一总路线下。

实施个性教育的结果,使学生的学习条件、环境得到极大的改善,班级规模缩小,师生比降低;不仅仅是高中,初中的选修课也得到大幅度增加,相应的,高中入学考试的科目减少(由8科减为5科甚至是3科);学生不去学校上课也在事实上得到了承认,只要通过考试(一般是利用大学入学考试制度),即使不去学校学习也可以毕业;而且,在大学的招生中也很重视"一技之长",以私立大学为中心(同时也给国立和公立大学增加了很大的压力),入学考试科目减少;大学由于设置基准缓和、大纲化,没有了一般教育科目和专门教育科目的区分,也不再强制性地要求学生必须在人文、社会和自然三个领域获得一定的学分。

然而,也有相当的人认为,上述个性化教育鼓励了学生的片面发展,使得学生的社会性日益稀薄,所以与其片面强调个性化模式,不如回到教育的本来目的:促进学生的全面发展。

(三)周休二日制与学校周五日制

20世纪60年代后期以来,"周休二日制"在日本逐渐得到普及,许多企业采取的是一月一次或者一月两次(隔周休)的周休二日制等多种形式,而完全周休二日制也在70年代后期以来得到迅速普及,尤其是在大企业,到1990年1000人以上的大企业完全周休二日制已经达到近70%,到1994年则达到80%。在这种普遍劳动制度变革的大环境下,教育部门也感到了压力,于是教职员的周休二日制、学校周五日制被提上了日程。事实上,日教组中央教育课程检查委员会1976年提出的《教育课程改革试案》已经就五日制的课程改革问题进行了探查。当然,教职员的周休二日制和学校周五日制并不是一回事,日本在提出学校周五日制时强调的也多是其本身的教育意义：增加儿童生活的宽裕以培养自主性、创造性、个性，同时也可以在一定程度上解决"教育荒废"的问题；解决对学校过分依赖的问题，在终身教育原则下增强学校、家庭、社会的教育"合力"等等。学校周五日制从1992年9月开始1个月实施1次，1995年4月开始1个月实施2次，以后逐渐过渡到完全实施。于2002年完全实施学校周五日制以及与此相配套的新的教育课程。

但是，在五日制的实施过程中，由于课程改革不配套（主要是《学习指导要领》没有相应修订），出现了与五日制实施初衷相违背的问题：由于时间减少，原有《要领》所要求的内容难以完成，而文部省的精神则是要保证所谓"标准授课时数"，因为"标准"即是"必要"。因此，学校和教师不得不削减学校常规活动时间，以学科为中心来编制课程。这样一来，不只教师觉得困难，更重要的是学生的自治活动因此而更少，更没有宽裕的时间，觉得学习枯燥无味。另外，虽然说希望通过五日制增强学校、家庭和社会的教育"合力"，使教育不过分依赖学校，但是，实施五日制以后，家庭和社会的教育并没有马上跟进，因此，虽然学生在校外生活的时间增多，可是校外并没有提供良好的环境和条件，许多人因此而担心学生的不良行为会增多，而许多学生则把更多的时间用在了各种各样的补习学校中。更有学者指出，学校周五日制的提出本来是由于周休二日制，但是有关机构（文部省以及日教组等）却非要说学校周五日制是为了学生。如果单是从学生的教育角度出发的话，除了周五日制以外，还有其他的选择。实际上，周休二日制和学校周五日制有它们的优点，但是，也不能过于强调这一点而看不到它们也会带来一些不利的东西，例如，周休二日制如果条件不成熟的话，可能带来整个社会经济效益和服务质量的降低，而学校周五日制则在缓和教育对学校依存度的同时，极有可能扩大教育的差别。所以，政府不应该强求所有的学校都同时实行五日制，而应该根据学校所在社区以及学生家长的情况来定。[①]

（四）高中教育的改革

战后，日本的新制高中普及很快，在1950年初中升高中的升学率就达到了42.5%，到1954年则达到50%，在经济高速增长期更是突飞猛进，1965年超过了70%，1974年突破90%大关。而在1994年度的"学校基本调查"中，初中毕业生升入高中的升学率是96.5%，如果再加上升入各种学校和专修学校等职业训练机构的学生（占初中毕业生的1.2%），升入后期中等教育机构的学生已达97.7%。可以说，日本的后期中等教育已经普及，而后期中等教育又基本上集中在高中（这在世界上都是罕见的），几乎就是高中的同义语，所以，日本的高中教育政策，其对象常常也包括专修学校等公共职业训练机构。

在高中教育普及如此迅速的情况下，日本早在1963年就对第6期中教审提出了《关于后期中等教育的扩充整备》的咨询，1966年中教审提交了咨询报告。1966年中教审咨询报告要解决的主要问题是：如何保障青少年接受后期中等教育的机会，同时，要根据个人的性格、能力、毕业后出路和所处的环境以及社会的要求，实现教育内容及其形态的多样化。而为了实现上述目标，咨询报告提出了这样一些具体措施：改善高中教育（重新组织学科，实现教育内容的多样化，创设短期课程，完善充实定时制和通信制）；完善各种学校制度；保障已参加工作青少年的受教育机会；充实社会教育活动，完善其他的活动设施，扩充研修事业，推动团体活动的开展；扩充特殊教育机构，保证女子平等的、适合其特性的受教育机会等等。这些建议基本上都得到了实施，尤其在量的确保（受教育机会的确保）方面，取得了很大的成绩。然而，质的确保方面（多样化）却几乎没有解决什么问题，反而随着高中教育的不断发展，问题更加深刻化了，例如：改善高中、

---

① ［日］市川昭午著：《临教审之后的教育政策》，教育开发研究所，1995年版，第309—325页。

大学入学者选拔制度（升学考试制度），在初中强化适应个人能力和性格的毕业后出路指导，注意小学、初中、高中教育的关联性，纠正划一性教育，缓和过重的学习负担，适应高素质者的特别教育制度等等。

1989年文部省向第14期中教审提出"后期中等教育的改革以及与此相关联的高等教育的课题"方面的咨询，而中教审则于1991年提交了题为《适应新时代的教育诸制度的改革》的最终咨询报告，其中心内容是：后期中等教育的改革及与此相关联的高等教育的课题、适应终生学习社会。该报告对高中升大学的问题予以极大的关注，建议高素质者可以提前毕业升入大学。报告还就高中教育的多样化提出了一些具体建议，例如，修业年限方面，不应一律要求是三年，可以设立4年制和6年制高中；适应不同学生的能力和需求，实行跳级和留级制度，或者按能力和需求进行编班；提供多样化的课程，等等。

为什么第14期中教审将后期中等教育（主要是高中教育）的改革作为审议的中心课题呢？除了存在上述20世纪60年代以来一直未得到解决反而更加深化的日本高中教育问题外，另外一个重要的原因是：在当今世界上，高中教育本身就处于非常重要的地位，尤其在发达国家，曾经是精英教育的高中教育现在基本上都已经普及，但是高中教育的方针、学校的组织、课程以及教员的培养几乎都还是在传统精英教育的精神下进行，这就使得发达国家几乎都以高中教育的课题为优先。另外，高中也是人生的一个重要阶段，尤其需要重视的是，高中阶段面临比其他教育阶段更多的压力：升学、就业、普及义务教育等等，然而，高中（尤其是日本的高中）结构却比较单一，为了实现这么复杂的机能，必然有许多课题亟待解决。

面临上述诸多课题，20世纪90年代以来的日本高中教育在临教审咨询报告、第14期中教审咨询报告以及其他相关审议会报告以及各种研究的基础上积极地进行了多方面的改革。首先，是积极建立各种有特色的新型高中。1993年度的日本教育白皮书列举了6种新型高中：

进行特定领域教育的高中，如东京都立国际高中、大分县立情报科学高中；扩大选修科目的高中，如琦玉县立伊奈学园综合高中；加强学科间协作的高中，如琦玉县立越谷综合技术高中；加强学校间协作的高中，如神奈川县立弥荣东、西高中；运用课程制的高中，如冈山县立总社南高中；以学分制为基础的高中，如东京都立新宿山吹高中。人们提到的其他新型高中还有：新型职业高中、寄宿制高中、社区关联高中、综合选修制高中、集合型选修制高中等等。所谓新型职业高中，是指与产业短期大学相接续、实施五年一贯职业教育的职业高中，或者是对已经参加工作的青少年在学校以外的机构进行的实务体验也作为职业教育的学分予以认定的职业技术高中。寄宿制高中主要是通过集体生活锻炼学生的身心，同时加强师生间、学生间的交流，从而培养学生自主、自立以及共同进退、合作的精神，培养学生的自治能力。社区关联高中则不仅仅是提供学校设施给社区居民使用，而是在作为社区教育、文化中心向社区居民全面开放学校的教育机能的同时，将社区的自然和文化财富运用于教材内容中，并聘请社区人士兼学校老师，积极利用社区的教育力和教育资源。综合选修制高中可以是既包括普通科又包括职业学科的高中，也可以单单只设普通科或职业学科，这种新型高中设置多种学科、课程（学系）、小学科，尽可能多地提供可以使学生打破学科界限学习的教学科目，从而可以让学生根据自己的能力、性格、毕业后出路、希望等自主性地进行选修学习，学校的主要工作就是充分做好教育课程以及设施、设备的准备。然而，在标准规模的高中，要提供上述丰富多样的课程毕竟有一定的限度，而如果要加强各个高中之间的协作，相隔太远等地理因素又会是很大的限制，于是有了集合形态的选修制高中这一设想。集合型选修制高中主要有毗邻设置方式、设施共用方式、统一方式等三种，它将许多具有各种特色科目或科目类型的高中毗邻而设，从而一举扩大学生选修科目的余地。

上述新型高中，学分制高中是在日本各个府县尝试最多的一种。学分制高中的最大特色是：不是根据学年来区分教育课程，而是根据是否修完所要求的学分来决定是否能毕业。此外，它还具有以下一些特征：①为了实现学习形态的多样化和弹性化，开设多种科目。②实行昼夜开课制等在不同的时间进行教学的措施。③每个学期都可以入学或毕业，转学容易。④承认在其他高中所修的学分。⑤接纳以学习特定科目为目的的旁听生。根据对已实施学分制的高中的调查，学分制高中具有如下优点：减少了中途退学；因为增加选修课目，学生更能自主地选修课目、安排自己的时间，从而提高了学习兴趣；有利于社会人士的终身学习。然而，与此同时也伴随如下问题：难以实施班会活动、俱乐部活动以及学校的各种集体活动，不利于培养丰富的人性；失去了集体教育的好处，学生间的协调、共同进退以及归属意识稀薄，难以进行生活指导；学生容易在未掌握基础的、基本的科目的时候去学习上一级的科目，有损学习的系统性；很多学生愿意挑比较容易学习的科目选修；学校的教学时间安排工作比较复杂，对学校的设施设备以及教员数的要求比较高。因此，有人指出，与其创设特定的学分制高中，不如在高中全面推行灵活运用学分制。

　　综合选修制高中被认为是今后高中改革的方向，但是它具有如下一些问题：①为了尽可能多地提供丰富多样的选修科目，就要求学校的学生数很多，这就会带来两个结果：要么扩大学生来源区域，于是许多学生上学时间变得很长；要么让社区内几乎所有的学生都进入同一所学校，这样社区就没有了学校之间的竞争，而且，学生之间的差距增大，学校的经营管理比较困难。②学校过大，学生不太容易具有归属感；选修科目过多，学生难以进行适当的选择。③学校组织更加复杂，因为编班和课时安排等需要开大量的各种会议，教职员花在教学和教育工作以外的时间增多。④一般来说，其专业课程的设施设备及师资力量不能跟职业学科或其他专业学科比，除非财力强大的地方政府提供强有力的支持。

集合型选修制高中被当做新型高中的代表而颇引人注目。但是，这主要是因为这一类学校从校舍到设施设备等都给人一种焕然一新的感觉，这种学校不会成为高中改革的主流，只适合在大都市周边地带等人口较集中的地方。

其他的新型高中，如新型职业高中、社区关联高中、寄宿制高中等，目前设置都还不多，而且其前景也不太被看好。

除了设置各种新型高中以外，日本的职业高中（职业科）和普通高中（普通科）也在不断进行改革。日本高中职业科学生的比例近年来一直在急剧下降，从 1970 年度到 1993 年度，职业科学生占高中生总数的比例几乎下降了一半，尤其以农业和家政等学科尤为严重。面对这种现状，职业高中主要进行了如下一些改革：①与产业结构和就业结构的变化相适应，增设新的专业（如电子机械、情报科学、国际经济、生物技术、社会福利等），统一过于细分化的专业，改革教育内容，将现代内容（如管理技术及系统技术、与服务业相关的内容、生物技术等）注入其中。②职业高中的普通高中化，即学科的统一化。职业高中更重视让学生掌握基础知识和培养基本能力，与普通高中的就业准备课程比较接近。1994 年度日本创设了综合学科制度并在同年度设置了 7 个综合学科学校，并决定在 1995 年再设 15 校。综合学科类似于前面所述综合选择制高中，其特色是：让学生自己深入思考自己的将来并自己决定自己将来的毕业后出路，而学校则开设很多的选修科目，尽量使学生毕业后既可以升学也可以就业。①

由于高中升学率的剧增以及其中普通高中的比例增大，普通高中生源以及毕业生的出路也更加多样化。为了适应这一情况，许多普通高中都采取了学校内部的课程类型化这一措施。一般学校的课程类型

---

① ［日］市川昭午著：《临教审之后的教育政策》，教育开发研究所，1995 年版，第 173 页。

化是将课程分为升学课程和一般课程（即教养课程）两种类型，也有再细分出就业课程的，甚至还有细分为升学、就业（或实务）、教养或学艺、家庭、普通等各种课程的。这种分化虽然说也考虑了学生毕业后出路等因素，但主要的依据还是学生的学力，因此招致了学生及其家长在心理上的抵触。所以，文部省一直在提倡要灵活运用习熟度编班，即尽量按科目编班且不要固定。

（五）大学改革

随着日本大学入学率的进一步增加（1996 年日本高中生升入大学、短大的入学率是 46.2%）以及日本经济、社会的进一步国际化，日本大学的问题也引起更广泛的关注和批评：大学及大学师生的社会价值和地位急剧下降，过去人们认为大学是"学问之府"，现在的大学则成了"消闲地"、"人生一大休息处"，是"考试和就业之间的缓冲地"、"就业通过站"、"选拔、配给人才的装置"；现在的大学生则如"随便向年轻人扔一颗石子，包准打着大学生"这样的笑话所反映，不再是社会的精英分子，许多学生更是打工玩乐多过学习，尽量选修轻松的课程以取得学分，即使上课也大多是开小差，还有很多学生因为是学校或所学专业与自己的意愿不符而学习积极性不高；受上述影响，大学教师教书育人的积极性也大为降低，即使还关心自己的研究项目，对于教育却没有热情、消极对待，很少有意识地去改进自己的教学方法，或者使自己的讲义更明白易懂。

总的来说，影响 20 世纪 90 年代大学改革的因素主要有以下 4 方面：①升学率的提高及学生的多样化。多样的学生不仅有多样的学习需要，还带来了上述各种教育教学上的问题。②学术研究的高度化、跨学科化和国际化。随着世界学术研究的进一步发展，大学教育研究的水平也要不断提高，尤其对于日本的大学而言，为了能适应产业成熟化的日本发展的需要，必须致力于进行独创性的研究和开发，学术研究的跨学科化和国际化也就更显急迫。③培养适应新型产业需要的人才。与过去大量生产大量消费时代不同，现在生产高度附加值产品的中小企业日益占据重要地位，而这种产业需要的人才不再是只要有对企业的服从和忠心就可以了，而是要在掌握高度的知识和技能的同时具有广阔的视野和丰富的创造性。④希望终身学习的人增加。人们认识到终身学习在充实自己、适应社会、经济变化方面的重要性，要求大学提供这样的机会。

根据大学审议会关于高等教育个性化、教育研究高度化、经营管理活性化的建议，1991 年日本进行了《大学设置基准》等的改正，之后的大学改革主要朝着 3 个方向在进行：①强化大学的教育机能，发挥各个大学的特色和个性，重新组织教育内容，开展富有魅力的教学，以培养能适应时代变化的具有丰富创造性的人才。②充实强化研究生院，以促进国际水准的教育研究，并培养出优秀的研究者和具有高度专业能力的技术人员。③进一步灵活开放以大学为中心的高等教育机构，提供丰富的终身学习机会。具体的改革措施如下：

1. 充实本科教育

首先，在教育内容方面，1991 年改正前的《大学设置基准》不但规定了本科毕业必需的学分数（124 个学分以上），还详细规定了各个课程各自所需要的学分，现在的设置基准则只规定了毕业所必需的 124 个学分，不再对科目区分及相应的学分做出规定，把此权限交给了大学。到 1996 年已经有 80％以上的大学按照新的大学设置基准的精神重组了教育课程，不再把课程分为一般教育和专门教育，而是构筑 4 年一贯的课程体系；依靠所有院系的力量为充实教养教育。另外，各个学校还根据社会的实际需要加强了实践教育（如在一些科目中采用志愿者活动等），同时也根据时代的要求增设了一些新的科目，以充实情报处理教育，改善外语教育。为了提供更多的选修机会，更多的大学与其他的大学缔结了"学分互换"协定。

与课程改革相配套的是教学方法的改革。为了提高教学质量，各个大学都在探索更为有效的教学方法。总体上来看，日本的大学主要在以下几个方面的教学改革效果比较显著：更多的大学编制大学学习指南（每个学科的教学计划，系统而详细地介绍教学目标、预定的教学内容以及参考文献等），且有很多大学将其做成数据库；实施少人数教育的大学也有增加，尤其是将外语教育、实验、实习、讨论等的教学少人数化；许多大学采取问卷等形式，实施学生对教学内容和方法的评价；出现了由教师组成的旨在改善教育内容和方法的组织，也有大学设置了旨在开发教育方法、帮助教员进行有关研修的中心；很多大学开始考虑到与学生在高中的学习内容相适应，更多的大学实行按学力编班，按学力状况实施补习教学；在学生的成绩评定方面，一方面，许多大学为了确保学分认定的客观性，学科的评价标准由多个教师进行协商以达成一致，另一方面，也有大学为了严格大学的教育成果，对在一定期间没有达到一定成绩基准的学生予以休学劝告、退学劝告的处理；各个大学都利用通信卫星及光纤系统以及其他多媒体系统积极推进远距离教育，而文部省则致力于推进与大学、高等专门学校等缔结构筑卫星通信网络事业（SCS事业）以及多媒体·大学·先导事业。

2. 与人们对研究生院教育的较高期望相适应，充实强化研究生院教育

首先，是要把研究生院建成高度的教育研究基地，在质、量两方面进一步充实研究生院的教育。20世纪90年代以来，日本的研究生院学生数有相当的增长。1990年日本研究生院的在校生数（含硕士生、博士生）是90 238人，到1994年增至138 752人，1995年又增至153 423人。然而，尽管如此，在发达国家中日本研究生院学生在人口中的比例还是很低的。美国每千人中有15.6人研究生，研究生院学生与本科学生的比例是7.7％（1992年），法国每千人中有18.8人研究生，研究生院学生与本科学生的比例是3.6％（1993年），日本每千人中才有6.1个

研究生，研究生院学生与本科学生的比例仅仅才1.1%（1994年）。因此，很有必要在量的方面大力充实研究生院的教育。为此，日本进行了研究生院制度的改革，使其更加灵活更有利于吸引学生入学及完成学业，主要措施如下：①研究生院的入学资格及修业年限的弹性化。到1994年，没有达到标准修业年限而毕业的硕士有47人，博士164人，到1995年，本科学习3年后就直接升入研究生院的有145人，本科毕业后有2年以上研究经历的人不经过硕士课程直接读博士的有146人。②研究生院的形态多样化。除了在上一章提到的综合研究生院大学、联合研究生院、独立研究科及专攻等等得到大力推行外，另一种形态的研究生院——协作研究生院（与大学以外的研究所等协作实施教育研究的研究生院）出现，如与NTT情报通信研究所协作的电器通信大学研究生院，到1996年，已经有15个大学的31个研究科与校外机构进行了这种协作。

在质的充实方面，主要措施有：①对于取得教育研究优良业绩的研究生院，重点充实其研究费及尖端大型研究设备费。②加强对研究生院学生的支援，充实日本学术振兴会特别研究院制度（1996年度对于博士后期的资助额是每月197 000日元）及日本育英会奖学事业（1996年度的资助额是每月硕士生81 000日元，博士生112 000日元）。③更多的大学采用学生助教，让研究生院的学生在任课教师的指导下指导本科学生或者辅导学生实验、实习、模拟演练等。④国际交流更加活跃。一方面是日本的在校学生通过一年内的短期留学加强与国外的交流，另一方面是充实外国留日学生的教学，既充实对留日学生的日语及日本情况的教育，也有大学开展用外语进行教学的。

除了创造新知、培养研究者以外，现在的研究生院还有另一个重要作用：培养高级技术人员。根据1989年改正的研究生院设置基准，博士教育不仅要培养研究者，也可以以培养高级技术人才为目的。目前，培养高级技术人才的博士专业主要是国际协作、情报系统学、经营管理、企业法务等。另外，研究生院通过昼夜开讲制、夜间研究生院以及社会人特别选拔制度等，在在职人士的再教育（回归教育）方面起到越来越重要的作用。

3. 大学进一步向社会开放

首先，是向社会开放设施设备等学习条件，为社会人士提供更多的终身学习机会。主要措施有：①根据 1991 年改正的《大学设置基准》，可以在大学学习特定的科目或课程，从而取得学分的单科进修得以制度化，运用这一制度的大学和学生在近几年都有了很大的增加。②有更多的短期大学或高等专科学校毕业生进入大学本科 4 年级学习，到 1995 年已达 12 348 人。③广播电视大学规模更大，到 1996 年已有学生数约 64 000 人，而且还利用学分互换每年接收约 5 000 其他大学的学生。另外，广播电视大学正在筹备利用人造卫星扩大传播对象地区。④根据 1991 年改正的《大学设置基准》，在大学以外的机构进行的各种学习也可能被承认学分，例如通过实用英语技能测验或日本汉字能力测验等文部大臣认定的技能测验的就可以取得一定的学分，许多大学也承认学生在专科学校的学习。⑤大学的公开讲座很活跃，1995 年约 6 190 个讲座，听讲人数约 620 000 人。⑥创设学位授予机构，使得短期大学、高等专科学校以及各省厅所属大学校（归日本各行政官厅管辖，不是《学校教育法》规定的大学，但教授与大学同等的专业技术及知识，如防卫大学校、水产大学校等）的毕业生也可以取得学位。在 1994 年，学位授予机构授予 1 544 人"学士"学位，90 人"硕士"学位，14 人"博士"学位。⑦加强对在职人士的回归教育。为了更有利于在职的社会人士到大学学习，日本的大学积极推行昼夜开讲制、夜间研究生院、社会人士特别选拔制度、研究生院水平的为社会人士特设的课程等。

在向社会开放设施设备、提供终身学习机会之外，日本的大学也向社会开放其经营管理。为了更有效地推进大学的改革，日本的大学在进行自评的同时，许多大学还采用校外的第三方评价并将评价结果在社会上公布。为了征求校外有识之士对大学面临的课题及将来构想等的意见，许多大学还设置了校外人士参与会、产学官交流恳谈会及支援留学生恳谈会等。另外，大学还积极推进与产业界的合作，共同研究很活跃，很多国立大学还设置了在企业捐赠金基础上的捐赠讲座或捐赠研究部门。在教员的录用方面，国立大学的 95％、公立大学的 77％、私立大学的 45％是采取公开招聘，而在公开招聘的教员当中，有 25％（1994 年度）是来自大学外（如民间企业、官公厅、自营业）。为了让社会各界更好地了解大学的改革信息，很多大学还将学科介绍、自评报告向社会公布，并送给相邻的高中或公立图书馆以及教育委员会以供其参考。

第四节　面向 21 世纪的发展趋向

（一）向终身学习体系过渡

前文提到，1988 年度的教育白皮书《我国的文教政策——终身学习的新发展》由《终身学习现状与课题》和《文教政策的动向与发展》两部分构成，其中明确教育改革的基本任务是实现终身学习社会。1996 年度，教育白皮书的题目是《我国的文教政策——终身学习社会的课题和展望——多样化和高度化的发展》，再次将终身学习作为文部省政策的中心内容。

我们可以说，临教审以后，日本的教育改革基本是在朝着建设终身学习社会的方向发展，迄今为止，在终身学习软硬件的建设方面也做了不少的工作，如设置终身学习局、终身学习审议会，制定《终身学习振兴法》、逐步实施五日制、促进学校向社会开放等等。而近几年来由于科学技术以及社会、经济的国际化、信息化的更进一步的飞速发展，更加要求人们不断地去学习新的知识和技能，也需要社会有更加灵活的评价人们所进行的各种学习成果的体系（而不是学力社会那样的只是根据学历进行形式上的机械的划分）。另外，随着日本社会的进一步成熟化，人们的自由时间增多，更多的人渴望通过学习充实自己、丰富自己的心灵。因此，为了建立面向 21 世纪的富裕而有活力的社会，日本提出了要建立"每一个人、在其一生中的任何时候都可以自由地选择学习机会进行学习，且其学习成果能得到适当评价"的终身学习社会。而为了建设终身学习社会，日本的教育就必须全面向终身学习体系过渡。

为了向终身学习体系过渡，日本政府的主要措施是：①完善终身学习的推进体制。在《终身学习振兴法》的基础上，终身学习局要积极努力地加强和相关行政机关的协作，而终身学习审议会要就振兴终身学习的措施不断地进行研究审议，各地方政府也要有振兴终身学习的计划并完善相应的行政机构，推进终身学习中心等的建设。②激发人们终身学习的动机，及时提供学习信息。为了加深人们对终身学习意义的理解，启发人们终身学习的动机，1989 年度开始，文部省和各地方政府开始在各地轮流举办终身学习节。另外，为了及时对进行终身学习的人提供帮助，日本还在不断充实完善提供学习信息及咨询的机制，积极利用因特网等信息工具。③扩充人们的学习机会。日本通过振兴学校教育、社会教育、文化和体育运动来积极地扩充多种多样的终身学习的机会，具体表现如下：首先，在学校教育领域，为了打好终身学习的基础，应当树立新的学力观，即：教学要重视培养学生主动学习的动机以及思考力、判断力、表现力等等。另外，要进一步开放以高等教育机关为首的学校，灵活运用社会人特别选拔、大学夜间部、昼夜开讲制、学科进修生制度等等，促进学校实施公开讲座、进一步开放学校的设施设备，促进广播大学、学分制高中等新型学校的发展。在社会教育领域，则应致力于充实终身体育运动、振兴地方文化、注意保护和利用文物名胜。④学习成果的评价及其利用。为了促进终身学习，就必须有一个能对学习活动（尤其是校外学习）进行适当评价的体系。文部省的主要措施是：承认民间团体举办的旨在证明知识和技能水准的事业中那些在教育上有积极意义的测试，扩大学校对校外学习学分的认定范围。另外，在日本，人们非常乐意自己的学习成果能用于志愿者活动，所以政府也在积极地推进、支援各个年龄层（从青年到老年）的志愿者活动。

日本推进终身学习体系的口号是："无论何时、无论何地、无论何人"都可以自由地进行学习，这很容易激起人们的参与热情。但是，也有人对"终身学习体系"这一提法及政府的相关政策深表不安，认为这样会导致行政力量对教育的过多参与，很难保证教育的中立性，比较激进的观点则认为建设终身学习体系可能带来政府借此来统治人一生的危险。

（二）中央教育审议会提出的方针

1995 年 4 月，日本文部大臣向第 15 届中央教育审议会提出《展望21 世纪我国教育的应有状态》的咨询，提出了三个主要的咨询事项：①今后教育的应有状态以及学校、家庭、社区的作用及相互协作；②教育如何适应每一个人的能力和性格，以及学校之间的接续的改善；③教育如何适应国际化、信息化及科学技术发展等社会的变化。接受此咨询后，中教审于 1996 年 6 月提交第一次咨询报告，于 1997 年 6 月提交第二次咨询报告。

第一次咨询报告由以下三部分构成：

第一部分：今后教育的应有状态

第二部分：学校、家庭、社区的作用及相互协作

第三部分：教育如何适应国际化、信息化及科学技术发展等社会的变化

在"今后教育的应有状态"部分，报告首先分析了当今孩子们生活的现状，认为当今孩子在有其积极面的同时，存在社会性不够、自立较迟以及健康、体力等方面的问题，而他们的家庭和社区的教育力

量又跟不上，与此同时，今后的社会又处在一个国际化、信息化、科学技术等方面进一步发展、变化迅速、前景不明朗的时代，因此，必须在教育方面有相应的对策。而今后教育的基本方向应是：培养学生"生存、生活的力量"。所谓"生存、生活的力量"是指：学生在具备超越时代的永恒不变的价值（所谓"丰富的人性"）的同时，具有能准确而迅速地应对社会变化的能力。这种力量是一种自己发现课题、自己学习、自己思考、自主地判断、行动、更好地解决问题的能力，也包括自律、与他人协调合作、同情心和感动的心等"丰富的人性"，以及健康和体力。为了培养学生"生存、生活的力量"，教育必须要做到：学校、家庭、社区协作并取得一定的平衡，确保儿童及整个社会有宽裕的可供自己支配的时间，进一步推动尊重个性的教育。

在"学校、家庭、社区的作用及相互协作"部分，关于学校教育，为了培养学生"生存、生活的力量"，就必须从传授知识的教育向自己学习、自己思考的教育转换，为学生提供宽松的教育环境，认真对待每一个儿童。报告重点指出了教育课程的改革方针：必须严选教育内容，只限非选不可的基础、基本的内容，大幅缩减教学时间，而借此节省下来的时间则可以用作"综合性的学习时间"，进行诸如国际理解、情报、环境、志愿者活动、自然体验等方面的综合学习或者课题学习、体验学习等，由各个学校根据学生的身心发展状况以及学校和社区的实际情况来具体地展开。而为了实现学校教育的改革，还应该在师资、学校设施设备等教育条件方面进一步改善。关于家庭教育，报告认为：对于孩子的教育和人格的形成，负最终责任的还是家庭，家庭是一切教育的出发点，因此必须保证在整个社会有宽松的环境，确保家庭成员共度的时间以及父亲对家庭教育的责任，多提供一些亲子共同体验的机会。关于社区教育，报告认为社区在充实孩子们的各种生活体验、社会体验、自然体验等方面有重要作用，所以社区应该充实活动场所和机会，确保相关信息及指导人员的提供。关于学校、家庭和社区的相互协作，除了要进一步推动学校向社会开放以外，还应该促使学校的"苗条化"（即给学校"减肥"），把学校一直承担的应该家庭或社区承担的教育交还给家庭和社区，如关于日常生活的管教、校外巡回引导、指导等，另外，还可以根据学校和社区的实际情况将学校的俱乐部活动等课外活动交给社区。报告还提到了学校周五日制在学校、家庭、社区教育协作中的重要意义，要求各地方政府要致力于充实校外活动的条件，而家长和私塾方面要给予理解和支持，不要因为周五日制的实施反而让学生花更多的时间去应付考试，更不可能有宽松的时间。

在"教育如何适应国际化、信息化及科学技术发展等社会的变化"部分，报告认为，面对上述社会变化最重要的还是要培养学生"生存、生活的力量"，要重视孩子们觉得感动、感到有疑问、推论等等的过程。关于国际化与教育，一方面要充实国际理解教育，培养学生理解异民族文化、与异民族人协调合作的能力，加深学生对本国历史和传统文化的理解，另一方面要改善外国语教育，重视听说等沟通交流的能力，另外还要改善在海外日本人子女、归国子女以及在日本外国人子女的教育。关于信息化与教育，报告认为：教育要培养学生主动选择及灵活运用信息和信息工具进而能积极发送信息的能力，学校教育应该积极运用信息网络工具，争取在不多久之后能在所有的学校都接通 internet，同时应加快对 internet 应用的研究和相关师资的培养，将学校建设成能积极向外发送信息的开放性学校，与此同时也要重视克服信息化社会的负面影响如人际关系淡薄、自然体验不足等等，培养信息道德。关于科学技术的发展与教育，报告认为：应重视孩子们的自由想象，让他们通过体验"发现、创造的喜悦"，培养对科学的兴趣和关心；应提供充足的供学生观察和实验用的设施设备，多给学生提供在大学及企业参观、讨论的机会，培养学生的科学素养。报告还提到了环境问题与教育的关系，认为应树立"从环境中学"、"学习环境"、"为了环境而学"的观点，积极推进环境教育。

第二次咨询报告主要是就第一次咨询报告阶段还来不及审议的"教育如何适应每一个人的能力和性格，以及学校间的接续的改善"这一议题（咨询项目的第二项）进行审议的结果，由以下五章组成：

第一章：教育如何适应每一个人的能力和性格

第二章：改善大学、高中对入学者的选拔

第三章：初、高中一贯教育

第四章：教育上的例外措施

第五章：教育如何适应高龄化社会

在"教育如何适应每一个人的能力和性格"一章，报告认为今后的社会应是一个尊重个性的成熟社会，因此教育必须尊重学生的个性，改变以往教育中那种形式上的、僵硬的、划一性的平等为实质上的、受到适合自己的教育机会的平等，为能力、性格各不相同的孩子们提供多种机会，而在培养学生的个性观念时也要培养学生尊重他人、与社会协调的观念。而为了展开适应每一个人的能力、性格的教育，就必须改善学校间的接续，尤其是要改善大学、高中对入学者的选拔制度、措施，以及进一步实施初、高中一贯教育，根据具体情况在教育上实施一些例外措施。

在"改善大学、高中对入学者的选拔"一章，报告认为：虽然日本高中、大学对青少年的接收能力在不断增加（1996 年高中的入学率已经达到 97％，而到 2009 年，日本大学对青少年的接收能力也将达到 100％），但是围绕着进特定大学和高中的考试竞争仍然很激烈，为了能在宽松的环境中培养学生"生存、生活的力量"，必须改善大学、高中对入学者的选拔措施等，使选拔能适应学生丰富的个性，能对学生自己学习、自己思考的能力做出适当的评价，纠正偏重学（校）历的社会风气，缓和考试竞争。报告提出了许多具体的改善措施，例如：选拔方法的多样化和评价尺度的多元化（除了主要依靠笔试的学力测试外，还应该综合运用调查书、小论文、面试、操作技能检查、推荐材料等，注意要对学生的文化、体育活动、志愿者活动等予以积极的评价，同一所大学或高中甚至同一个系科都可以采取多种评价标准来录取新生。在大学，还应该增加参加大学考试的机会，例如除了4月入学外，还可招秋季入学的学生）；对入学者的选拔应该尊重初等中等教育的改革方向；有影响力的大学和高中（尤其是普通高中）应该率先进行改善；改善与入学者选拔有关的各项条件（如为保证学生有充分的考试时间而重新确定适当的考试时间，改善初、高中的毕业出路指导，提供丰富的关于学校和考试的各种资料，建立对入学者选拔的外部评价体系等等）；把高等教育和高中教育建成更为灵活的体系（在大学，应当进一步推进学分互换、中途入学、转专业、转学、休学、复学等措施，积极吸收已参加工作的社会人士入学，相应的也要进一步进行课程及教学方法的改革、严格学业成绩的评价。在高中，应进一步推动高中教育的个性化和多样化、完善学分制高中和综合学科，放松对中途入学、转学的限制，灵活运用休学和复学，加强学校间的相互协作）。

在"初、高中一贯教育"一章，报告首先阐明了"初、高中一贯教育"的意义及其可能带来的不良后果：学生可以不受高中入学考试的影响从而可以有比较宽松的学习环境，有利于发展个性和创造性，同时六年一贯的教育也可以提高教育的效率，还可以让学生通过与不同年龄段学生的相处培养丰富的社会性和人性；然而，如果应用不当，"初、高中一贯教育"也可能带来一些问题，如导致考试竞争的低年龄化、加大了学校经营管理和教育指导的难度，所以更需要教师之间的密切配合。不过，"初、高中一贯教育"至少为学生和家长多提供了一种选择，增进了学校教育的复线化。在实施"初、高中一贯教育"的具体过程中应该注意：国家只是为其实施扫清制度上的障碍，具体要如何实施则是学校设置者的事情，例如既可以是同一个设置者并设初、高中，也可以是市町村立初中与都道府县高中的协作；在课程类型方面既可以是普通型，也可以是综合学科型或者专门型；实施"初、高中一贯教育"的学校可以实施各具特色的教育活动，例如：重视体验学习的学校、重视与社区加强联系进行教育的学校、重视国际化的学校、重视情报教育的学校、重视环境教育的学校、重视继承传统文化的学校、重视基础和基本从而让学生可以扎扎实实地进行学习的学校。不过，为了防止考试竞争的低龄化，学校在招新生时应尽量避免学力考试而采取抽选、面试、推荐等多种形式的方法，另外，对于学完三年后希望升入其他高中的学生应该为其转学等提供方便。

在"教育上的例外措施"一章，报告认为，应该按照每一个人的能力和性格进行相应的教育，必须对学习有困难的学生的学习给予适当的支援（如个别指导或补习、小队教学等等），对于在特定领域能力出众或者学习欲旺盛的学生则应尽量给他们提供丰富的学习机会（如大学接收高中生作为单科进修生，举行公开讲座或讨论等等）。在制度方面，为了能尽早发现并培养某一学科领域（尤其是数学和物理领域）的专家或开拓者，满足一定条件（如有相应学科的博士点等）的大学可以自主决定招收不满 18 岁的能力突出者。大学方面则应向社会公开选招的具体方法并将实施的情况向社会公开，接受外部的监督评价。另外，关于"跳级"，因为有可能导致考试竞争激化，报告认为还是不实施为宜。

在"教育如何适应高龄化社会"一章，报告认为，高龄化社会不仅对社会，对孩子们也是一个很重要的问题，教育应该培养学生与不同立场和价值观的人（如高龄者）共生的观念，培养他们尊重他人、为他人着想的态度，以及在实际行动中为高龄者着想的积极意愿和态度。另外，在长寿化、高龄化的社会中，为了培养学生终身学习的态度，促使学生终身健康地生活，还应该重视最基础的东西——健康、体力。高龄社会的高龄者不仅仅是被照顾的对象，事实上孩子们可以从高龄者那里学到很生动、丰富的知识和做人的道理，因此应该积极促使高龄者参与到孩子们的教育中来，这对高龄者本身也有积极的意义。

上述中央教育审议会的咨询报告，阐明了面向 21 世纪日本教育的发展方向，提出了日本教育改革面临的任务，成为日本文部省继续推进教育改革的重要依据。对其从理论与实践的结合上进行深入研究，也是摆在我国日本教育研究工作者面前的重要课题。

主要参考文献

1. 长田新监修：《日本教育史》（教育学教材讲座Ⅲ），御茶水书房，1961 年版和 1982 年版。

2. 加藤仁平、工藤泰正、远藤泰助、加藤胜也编：《新日本教育史》，协同出版株式会社，1961 年版。

3. 尾形裕康著：《日本教育通史》，早稻田大学出版部，1965 年版、1967 年版和 1981 年版。

4. 伏见猛弥著：《综合日本教育史》，明治图书出版株式会社，1951 年版。

5. 土屋忠雄等编：《概说近代教育史》，川岛书店，1971 年版。

6. 堀松武一著：《日本近代教育史》，新荣堂，1963 年版。

7. 堀松武一编：《日本教育史》，国土社，1985 年版。

8. 文部省：《学制九十年史》，大藏省印刷局，1964 年版。

9. 文部省：《学制百年史》（记述编、资料编），帝国地方行政学会，1972 年版。

10. 梅根悟监修、世界教育史研究会编：《世界教育史大系》，第 1、2、3、5 卷，讲谈社，1975－1978 年版。

11. 宫原诚一、丸木政臣、伊崎晓生、藤冈贞彦编：《资料·日本现代教育史》，三省堂，1974 年版。

12. 神田修、山住正己编：《史料·日本的教育》，学阳书房，1979 年版。

13. 山住正己：《教育的体系》（日本近代思想大系 6），岩波书店，1991 年版。

14.《日本近代教育史》（现代教育学讲座 5），岩波书店，1962年版。

15. 文部省教育史编纂会编：《明治以后教育制度发展史》（第 1—5 卷），教育资料调查会，1964 年版。

16. 文部省教育史编纂会编修：《明治以后教育制度发展史》（第 10 卷），龙吟社，1940 年第 3 版。

17. 田村荣一郎著：《国家主义与教育》，东洋馆出版社，1964年版。

18. 郑彭年著：《日本西方文化摄取史》，杭州大学出版社，1996年版。

19. 森岛通夫著，胡国成译：《日本为什么"成功"——西方的技术和日本的民族精神》，四川人民出版社，1986 年版。